UN ESTUDIO BÍBLICO
DE **6 SEMANAS**

UN CAMINO EN

Encontrándonos
con Dios en
los lugares
desolados de las
Escrituras

EL DESIERTO

KRISTEL ACEVEDO

InterVarsity Press
P.O. Box 1400 | Downers Grove, IL 60515-1426
ivpress.com | email@ivpress.com

©2025 por Kristel Acevedo

Todos los derechos reservados. Ninguna parte de este libro puede ser reproducido en ningún formato sin el permiso escrito de InterVarsity Press.

InterVarsity Press® es la división publicadora de InterVarsity Christian Fellowship/USA®. Para más información, visita intervarsity.org.

Todas las citas bíblicas, a menos que indique lo contrario, son tomadas de la Santa Biblia, NUEVA VERSIÓN INTERNACIONAL® NVI® © 1999, 2015, 2022 por Biblica, Inc.® Usado con permiso de Biblica, Inc.® Reservados todos los derechos en todo el mundo.

Aunque los relatos e historias en este libro son verdaderos, puede que algunos nombres y otros datos que puedan identificar a una persona hayan sido cambiados para proteger la privacidad de individuos.

Publicado en asociación con la agencia literaria de WTA Media LLC, Franklin, Tennessee.

Arte interior de Adolfo Danilo Lopez

La editorial no puede verificar la veracidad o funcionamiento de páginas web o links usados en este libro más allá de la fecha de publicación.

Diseño de carátula: Faceout Studio
Diseño del interior: Jeanna Wiggins
Imágenes: © naqiewei / DigitalVision Vectors via Getty Images
© Nastasic / DigitalVision Vectors via Getty Images
© ilbusca / DigitalVision Vectors via Getty Images
© azndc / E+ via Getty Images
© denisk0 / E+ via Getty Images
© ZU_09 / DigitalVision Vectors via Getty Images

ISBN 978-1-5140-0930-7 (físico) | ISBN 978-1-5140-0931-4 (digital)

Library of Congress Cataloging-in-Publication Data
Un récord de catalogo para este libro está disponible de parte de la Biblioteca del Congreso.

«*Un camino en el desierto* es una obra magistralmente elaborada que nos guía por las sagradas escrituras con sensibilidad y profundidad teológica. Kristel Acevedo nos invita a transitar por nuestros propios desiertos personales —esas temporadas de confusión, aislamiento y sequedad espiritual— y a descubrir el poder transformador de Dios en medio de las dificultades. Este libro no es solo un estudio, sino un encuentro con Dios imprescindible para todos los que anhelan crecer en su fe y en su relación con Dios».
Yonathan Moya, fundador y director ejecutivo de Border Perspective

«Como pastor y amigo de Kristel, es un honor promocionar su libro. Ella nos invita a aceptar nuestros momentos en el desierto, no como un lugar de derrota sino como un espacio para la transformación de Dios. A través de las vidas de personajes bíblicos, ella nos muestra que incluso en nuestros momentos más oscuros, Dios nos encuentra, nos refina y nos guía hacia la semejanza de Cristo. Este libro es un guía oportuno y lleno de esperanza para cualquiera que navegue por los valles de la vida».
Derwin L. Gray, cofundador y pastor principal de Transformation Church y autor de *Lit Up with Love*

«*Un camino en el desierto* es más que un estudio: es una invitación a acercarnos a Dios más que nunca. Mi amiga Kristel Acevedo nos guía maravillosamente sobre cómo reconocer nuestros dolores, decepciones e incertidumbres y también cómo estar plenamente conscientes del consuelo, el amor y la presencia de un Dios poderoso. A través de un brillante análisis de historias bíblicas y formas prácticas de encontrar a Dios en medio de tiempos difíciles, Kristel ofrece a los lectores un aliento fresco y un camino esperanzador a seguir».
Hosanna Wong, autora de *You Are More Than You've Been Told*

«Las temporadas en el desierto no son una cuestión de si sino de cuándo. Casi todos nosotros las hemos experimentado o las experimentaremos, y necesitamos este estudio bíblico para ayudarnos a encontrarnos con Dios y mantenernos conectados con los demás cuando la vida se siente más oscura y difícil de lo normal. Al explorar las experiencias reales de Adán y Eva, Elías, Agar, Juan el Bautista y el mismo Jesús, estarás en una posición perfecta para permitir que Dios te moldee a ti y a tus seres queridos a través del desierto, ahora o en el futuro».
Kara Powell, jefa de formación de liderazgo en el Seminario Fuller y coautora de *Future-Focused Church*

«Las reflexiones de Kristel Acevedo sobre el desierto resuenan profundamente en cualquiera que haya atravesado temporadas de confusión, aislamiento o pérdida. Con compasión y visión bíblica, nos invita a ver el desierto no como años desperdiciados sino como un lugar de preparación, crecimiento, y la presencia inquebrantable de Dios».
Sandra Maria Van Opstal, autora, pastora y directora ejecutiva de Chasing Justice

«Explora en Amazon y podrás encontrar varias guías de viaje a un destino determinado, desde guías de listas de deseos a guías de las mejores caminatas a guías para los amantes de los perros. Pero, ¿qué pasa con esos momentos en los que te encuentras en un viaje no a un lugar de vacaciones sino en el desierto? No todos podemos viajar a París, pero en algún momento todos nos encontramos en temporadas de desierto. Con *Un camino en el desierto*, Kristel Acevedo te brinda la guía esencial a través de las Escrituras no solo para sobrevivir en el desierto sino también para ver y conocer a Dios más profundamente a través del viaje. Esta guía útil, acompañada de videos de entrenamiento para grupos pequeños o estudio individual, puede ser justo lo que necesitas para prosperar incluso en el desierto».
Ed Stetzer, decano de la Talbot School of Theology

«Me encanta un buen estudio bíblico, y Kirstel ha escrito uno importante. El desierto es para luchar, y Kristel ha diseñado este estudio con ese propósito exacto. Si estás en una temporada desértica y tienes sed de la Palabra de Dios, ¡este es el estudio para ti!»
Sharon Hodde Miller, autora de *The Cost of Control*

«El desierto es un territorio familiar para todos nosotros. Los momentos en la cima de la montaña rara vez duran, y el largo descenso hacia valles oscuros casi siempre aguarda. Afortunadamente, la Biblia está repleta de historias de esperanza en el valle y caminos inesperados excavados en el desierto. Kristel Acevedo es una guía maravillosa que nos guía pastoral y personalmente, con valentía y convicción, a través de algunas de estas historias, ayudándonos a llegar al otro lado del desierto, donde nos espera la vida y la vida en plenitud».
Jay Y. Kim, pastor y autor de *Analog Christian*

«Una de mis cosas favoritas de Kristel Acevedo es su pasión combinada tanto por la Biblia como por las personas. En *Un camino en el desierto*, Kristel nos invita a amar la Palabra de Dios y estudiarla más profundamente, mientras nos acompaña no como una conferenciante crítica o aburrida sino como guía competente y amiga compasiva, incluso en el desierto, donde ciertamente enfrentaremos la adversidad y tal vez la desesperación absoluta. Kristel ha hecho un trabajo profundo aquí; ¡individuos y grupos serán desafiados y atendidos por este estudio!»
Brad M. Griffin, autor y director de contenido e investigación del Fuller Youth Institute

CONTENIDO

Introducción • 1

Cómo usar este libro • 3

SEMANA 1
El desierto • 7

SEMANA 2
El desierto de la opresión • 31

SEMANA 3
El desierto del pecado • 55

SEMANA 4
El desierto de la distracción • 83

SEMANA 5
El desierto de la desesperación • 107

SEMANA 6
El desierto de la tentación • 135

INTRODUCCIÓN

A menudo pienso en mis "años en el desierto", seis años en los que me sentí confundida, frustrada y perdida. Durante un tiempo, recordaba esos años con desdén. De hecho, no me gustaba para nada recordar esos años. Solo quería sacarlos de mi mente y olvidarlos. Si alguna vez has atravesado una temporada difícil, apuesto a que has tenido sentimientos parecidos.

Antes de continuar, podrías preguntarte, ¿qué es exactamente el desierto? A lo largo de las Escrituras leemos acerca de diferentes personas en el desierto. Experimentaron un *desierto físico*: un entorno hostil donde casi nada crece, con apenas suficiente comida o agua para sobrevivir. Algunos huyeron al desierto porque se habían quedado sin opciones, como último recurso. Otros encontraron seguridad en el desierto. A pesar de todo, en cada caso, encontramos que su experiencia en el desierto fue un tiempo de preparación y crecimiento.

Es poco probable que tú y yo terminemos en un desierto literal (a menos que seas del tipo que disfruta de las actividades al aire libre). Pero la mayoría de nosotros terminamos en un desierto metafórico en algún momento de la vida. Es una temporada en la que podemos sentirnos atrapados y sin opciones. Es posible que nos sintamos sin dirección o incluso perdidos. También puede ser una temporada de soledad, aislamiento o desconexión de los demás. Y es una temporada que se siente particularmente dura. Con poco acceso a recursos emocionales o relacionales, nos encontramos cansados y con pocas oportunidades o deseos de crecimiento. Y aunque Dios está con nosotros en el desierto, podemos sentir como si nos hubiera abandonado allí.

La Madre Teresa de Calcuta describió una vez la experiencia en el desierto como "una noche oscura del alma", que fue una frase que tomó prestada de San Juan de la Cruz, un sacerdote del siglo XVI. Muchos otros se han referido al desierto como el "invierno del alma". Tal vez puedes identificarte con esas descripciones.

Mi oración para estas próximas seis semanas es que llegues a ver cómo el desierto, aunque difícil, es un lugar en el que Dios se encuentra con nosotros. Ya sea que hayas experimentado una temporada en el desierto en el pasado, estés experimentando una ahora, o conozcas a alguien más que haya tenido tal experiencia, este estudio bíblico está escrito para ti. Pero también para mí (de hecho, incluso se podría decir principalmente para mí). Durante mi temporada en el desierto, me sentía sola y desanimada, y pensaba que Dios se había olvidado de mí. Incluso después de salir de esa temporada difícil, solo sentía resentimiento por esos años que pensaba que se habían perdido.

Entiendo el miedo, la angustia y el aislamiento que vienen con las temporadas en el desierto, y quiero acompañarlos durante esta temporada. Este estudio bíblico está destinado a animarlos con la verdad bíblica de que nunca estamos solos y que, con Dios, incluso en un páramo, nada se desperdicia.

A lo largo de las próximas seis semanas miraremos más de cerca a Adán y Eva, Elías, Agar, Juan el Bautista, ¡incluso a Jesús mismo! Así es, Jesús también experimentó el desierto. Profundizaremos en las Escrituras y descubriremos cómo el desierto puede moldearnos y formarnos. Sobre todo, recordaremos que, a pesar de todo, Dios siempre está con nosotros.

Puedes optar por participar en este estudio por tu cuenta, pero mi esperanza es que te reúnas con un grupo pequeño—con suerte, en conexión con tu iglesia local. Realmente creo que crecemos mejor en comunidad. En comunidad compartimos historias y escuchamos diferentes perspectivas. Y a pesar del quebrantamiento que la iglesia ha experimentado, todavía pienso que es hermosa y una excelente manera de crecer como seguidora de Cristo. La belleza de la iglesia está en su diversidad: hombres y mujeres, diferentes etnias y edades, todos se unen para crecer y vivir en misión. Deja que este estudio sea un lugar donde puedes mostrarte auténticamente como tú mismo y crecer juntos en la semejanza a Cristo.

CÓMO USAR ESTE LIBRO

Ya sea que participes en este estudio con un grupo grande, un grupo pequeño, en una cafetería con un amigo o sola en tu silla favorita, aquí hay algunas sugerencias útiles.

PARA LA SESIÓN DE GRUPO...

Reserva un día y una hora designados para una reunión semanal, en persona o virtualmente, durante las próximas seis semanas. El contenido (video y discusión) tomará alrededor de una hora, pero siempre puedes permitir tiempo adicional para que el grupo se ponga al día o para compartir solicitudes de oración.

Se accede a los videos a través del código QR en el libro. Estos videos se crearon pensando en un grupo: que verían el video juntos y luego participarían inmediatamente en el contenido que sigue. Pero también significa que los individuos tienen acceso, lo cual es bueno si alguien tiene que perderse una reunión grupal.

Para la discusión en grupo, tómense el tiempo para leer el material juntos. Siéntanse libres de tomar una pausa, hacer preguntas y compartir pensamientos mientras leen. Tomen turnos para leer las Escrituras en voz alta y terminen su actividad con una oración.

Algunos consejos para participar en una discusión grupal:

1. Está dispuesto a participar en la discusión. El o la líder del grupo moderará la conversación y el tener participantes activos les ayudará.
2. Ten cuidado de no dominar la discusión. A veces estamos tan ansiosos por expresar nuestros pensamientos que dejamos muy pocas oportunidades para que los demás respondan. Por supuesto, participa, pero también deja espacio para la visión de los demás.

3. Sé sensible con los demás miembros del grupo. Escucha atentamente, ¡es posible que te sorprendas de sus ideas!

4. Cuando sea posible, vincula lo que dices a los comentarios de los demás. Además, sé afirmativa siempre que puedas. Esto animará a algunos de los miembros más indecisos del grupo a participar.

5. Cíñete al tema que estamos tratando, y no te salgas por la tangente ni te pierdas en laberintos.

6. Espera que Dios te enseñe a través del contenido que se está discutiendo y a través de los otros miembros del grupo.

7. Ora para que pasen un tiempo agradable y provechoso juntos, pero también para que, como resultado del estudio, encuentren maneras de actuar individualmente o incluso juntos como grupo.

8. Recuerda que cualquier cosa que se diga en el grupo se considera confidencial y no se debe discutir fuera del grupo a menos que se dé permiso específico para hacerlo.

Es importante que demos espacio en este grupo para compartir auténticamente y que mantengamos las historias de los demás en confianza, no tratando de arreglar nada sino confiando en que el Espíritu Santo hará el trabajo de sanar y reparar.

Si tienes tiempo, una buena pregunta podría ser nombrar un punto culminante de la última semana de estudio, ya sea de la sesión grupal o de días individuales. Hemos diseñado estos estudios para que puedas seguir participando en la sesión de grupo aunque no hayas hecho los deberes pero, por supuesto, creemos que seguirás queriendo participar en todo el contenido en días individuales.

PARA LOS DÍAS INDIVIDUALES...

Después de la sesión grupal hay cinco días de contenido para que interactúes por tu cuenta. Este estudio está escrito pensando en ti, por lo que el contenido es significativo pero no abrumador, y está diseñado para adaptarse a tu vida cotidiana normal.

Algunos consejos para participar en el estudio y la reflexión individual:

1. Al comenzar, ora para que Dios te hable a través de su Palabra.

2. Escribe tus respuestas a las preguntas en los espacios provistos o en un diario personal. Escribir puede aportar claridad y una comprensión más profunda.
3. Lee la introducción del estudio y responde a la pregunta o ejercicio de reflexión personal. Esto está diseñado para ayudarte a enfocarte en Dios y en el tema del estudio.
4. Cada estudio se ocupa de un pasaje en particular para que puedas profundizar en el significado del autor en ese contexto. Lee y relee el pasaje que se va a estudiar. Las preguntas están escritas usando el lenguaje de la Biblia Estándar Cristiana, por lo que es posible que desees usar esta versión de la Biblia. También se recomienda la Nueva Versión Estándar Revisada.
5. Sería bueno tener a mano un diccionario bíblico. Úsalo para buscar palabras, nombres o lugares desconocidos.
6. Utiliza la sugerencia de oración para guiarte en dar gracias a Dios por lo que has aprendido y para orar sobre las aplicaciones que te vengan a la mente.

Notarás que la sesión grupal comienza la semana, por lo que tu participación no depende de completar tu tarea. Dicho esto, queremos que participes tanto como puedas.

SEMANA 1

EL DESIERTO

Sesión grupal

En nuestra introducción, describimos la naturaleza salvaje como una etapa de la vida en la que te sientes desconectado, perdido, herido o confundido. Es una temporada de sequedad espiritual que puede ser particularmente dura. Hoy quiero enfocarme en la historia de Juan el Bautista y mirar más de cerca el versículo que desafió mi perspectiva sobre las estaciones en el desierto.

VIDEO

Mira el video de apertura.

ACTIVIDAD DE APERTURA

Compartir. La gente ha usado muchas palabras para describir las experiencias en el desierto. Entre ellas se encuentran:

- áspero
- solitario
- involuntario
- seco
- terrorífico
- desesperado
- estéril
- desolado
- confuso

Tómate un momento para identificar una temporada de desierto en tu propia vida. Podría ser uno que estás experimentando actualmente o uno que has experimentado en el pasado.

1. ¿Qué dificultades, desafíos o angustias te trajeron al desierto?

2. ¿Qué palabras de la lista anterior describen mejor tu temporada en el desierto?

Durante el resto de la semana, echaremos un vistazo más de cerca a la vida de Juan el Bautista. Pero por hoy nos enfocaremos en el versículo que cambió mi perspectiva sobre nuestras temporadas en el desierto.

REFLEXIONAR

Lucas 1:80 dice: "El niño crecía y se fortalecía en espíritu; y vivió en el desierto hasta el día en que se presentó públicamente al pueblo de Israel".

¿Qué significa ser fuerte de espíritu? La fortaleza espiritual no se trata de cavar profundo o de levantarte por tus propios medios. Más bien, es confianza y alineación con el Espíritu Santo: es una resiliencia que se desarrolla cuando confiamos en que Dios hará la obra en nosotros y a través de nosotros.

3. Piensa en alguien que conozcas que sea espiritualmente fuerte. ¿Cuál es un ejemplo de su fortaleza espiritual?

4. ¿En qué área de tu vida tiendes a confiar en tu propia fuerza en lugar de la fuerza de Dios?

Aprender a confiar en la fuerza de Dios requiere que aprendamos a confiar en el carácter de Dios. Considera estas palabras que Dios habló a través del profeta Isaías:

"Así dice el Señor, el Señor de los Ejércitos,
   Rey y Redentor de Israel:

   "Yo soy el Primero y el Último;
      fuera de mí no hay otro dios.
   ¿Quién es como yo?
      Que lo diga.
      Que declare lo que ha ocurrido
   desde que establecí a mi antiguo pueblo;
      que exponga ante mí lo que está por venir,
      que anuncie lo que va a suceder.
   No tiemblen ni se asusten.
      ¿Acaso no lo anuncié y predije hace tiempo?
   Ustedes son mis testigos.
      ¿Hay algún Dios fuera de mí?
   No, no hay otra Roca;
      no conozco ninguna".
   (Isaías 44:6-8)

5. Haz una lista de los títulos y características de Dios incluidos en este pasaje.

6. ¿Qué es Dios el único capaz de lograr?

7. ¿Qué razones nos da este pasaje para "no asustarnos ni temer"?

8. ¿De qué manera el reconocer la fuerza de Dios podría transformar nuestra perspectiva sobre nuestra propia fuerza espiritual?

9. ¿Qué es lo que Dios podría querer refinar en ti a través del desierto?

10. ¿Cómo te está preparando Dios ahora para la próxima etapa de tu vida?

En los próximos días veremos cómo Juan el Bautista sabía y vivía con esta convicción: que su fuerza no provenía de sí mismo sino de Dios.

ORAR

Al terminar este tiempo juntos cada semana, les animo a pasar un tiempo en oración:

Padre Celestial, nuestra Roca y Salvación, el desierto no es una experiencia agradable. Ya sabes el dolor que sentimos al deambular por él. Sabemos, sin embargo, que estás con nosotros en el desierto. No solo nos das tu presencia sino que también nos das tu fuerza. Ayúdanos a caminar en el poder de tu Espíritu, ya sea que estemos caminando en el desierto o estemos sentados en el santuario. En el nombre de Jesús, amén.

Si el tiempo lo permite, al final de cada sesión de grupo, les animo a compartir entre sí cualquier petición de oración y a llevarla a nuestro Dios fiel y confiable en oración.

DÍA 1

Para avanzar, es importante mirar hacia atrás. Mencionamos brevemente a los padres de Juan el Bautista en el video, pero hoy profundicemos.

LEER & REFLEXIONAR

Leer Lucas 1:5-24

Zacarías y su esposa, Elisabet, provienen de la línea sacerdotal de Aarón. Sirvieron a Dios fiel y humildemente y, sin embargo, no tuvieron hijos. En esa época, la falta de hijos era vista como una maldición. El por qué Dios no los había bendecido con hijos estaba más allá de su comprensión. Sin embargo, a su edad, Zacarías y Elisabet probablemente no esperaban ningún cambio en su situación y habían aprendido a vivir con ello.

Pasar por la infertilidad puede ser su propio desierto. Si bien la infertilidad no tiene el mismo estigma que en los tiempos bíblicos, sigue siendo frustrante y puede hacer que las mujeres y los hombres sientan que algo anda mal con ellos. Si esa es tu historia, lloro contigo y rezo para que sepas lo que vales, ya sea que tengas un hijo o no. Rezo por un consuelo sobrenatural mientras navegas por esta etapa de tu vida.

Zacarías está desempeñando sus deberes sacerdotales cuando tiene una experiencia sobrenatural. Un ángel aparece y entrega un mensaje increíble.

Leer Lucas 1:5-17

- ¿Qué aprendemos acerca de Elisabet y Zacarías en los versículos 5 y 6?

- ¿Qué le predijo el ángel a Zacarías?

- ¿Cuál es el significado del mensaje del ángel para el pueblo de Israel?

¡Esto es un gran problema! No solo tendrán un hijo en sus años de ocaso sino que el niño tendrá una responsabilidad significativa.

- ¿De qué manera los años de espera de Elisabet y Zacarías por un hijo los prepararon para criar a un niño con un llamado tan singular?

Probablemente podemos entender el escepticismo de Zacarías en su respuesta al ángel: "—¿Cómo podré estar seguro de esto? —preguntó Zacarías al ángel—. Ya soy anciano y mi esposa también es de edad avanzada". Esencialmente, Zacarías le estaba exigiendo una señal al ángel ya que no podía comprender cómo este mensaje tenía algún sentido.

A veces, cuando miramos a nuestras circunstancias en lugar de a nuestro Dios, olvidamos lo que es posible. Nuestras circunstancias pueden ser limitantes, pero nuestro Dios no tiene límites.

De hecho, ¡Elisabet concibe y da a luz a un niño! Y luego, cuando el bebé tiene ocho días de nacido y Zacarías confirma que el nombre del niño debería ser Juan, Zacarías comparte una profecía. Este pasaje a menudo se conoce como la canción de Zacarías (Lucas 1:68-79). Al mirar de cerca esta canción, notarás que Zacarías hace declaraciones acerca de Dios y del nuevo hijo.

- Piensa en tus circunstancias actuales, especialmente en algo que te parezca difícil. ¿Cómo sería ver esa circunstancia a través del filtro de nuestro Dios y no al revés?

Leer Lucas 1:57-79

- ¿Qué declara Zacarías acerca de Dios? Enumera esas declaraciones en el espacio a continuación.

- En los versículos 76-79, dirige tu atención a Juan. ¿Cuál es el llamado de Juan?

No había habido ningún profeta entre los judíos durante siglos. Zacarías y Elisabet no solo habían lidiado con el anhelo insatisfecho en su falta de hijos sino que todo Israel había estado experimentando un anhelo insatisfecho en su hambre de un Mesías. Ahora finalmente había llegado el momento, Jesús estaba en camino, y Juan sería su hombre de publicidad.

Juan no salvaría a la gente porque no tenía el poder de hacerlo, ni era su tarea. Pero él llamaba a la gente al arrepentimiento y les hablaba de Aquel que habían estado esperando, Aquel que podía salvarlos y lo haría.

REFLEXIONAR

- Al considerar los momentos de espera en tu vida, piensa en las personas que se quedaron contigo durante esas temporadas. ¿De qué verdades te recordaron? ¿Qué disciplinas te invitaron a practicar? ¿De qué manera te animaron?

ORAR

Termina tu tiempo hoy en gratitud por las personas en tu vida que se han quedado contigo en las estaciones del desierto.

DÍA 2

La llegada de Juan el Bautista puso fin a más de cuatrocientos años de silencio profético. Los mensajes de Dios habían sido entregados por profetas durante generaciones. Sin embargo, después del ministerio de Malaquías (alrededor del año 400 a.C.), Dios aparentemente se quedó en silencio. Pero Dios había dejado un registro de profecías para animar a su pueblo mientras esperaban. Una de esas profecías les decía que anticiparan un nuevo profeta que prepararía el camino para el Mesías:

> Una voz proclama:
>
> «Preparen en el desierto
>   un camino para el SEÑOR;
> enderecen en el desierto
>   un sendero para nuestro Dios.
> (Isaías 40:3)

Ayer leímos que cientos de años después de Isaías, el padre de Juan, Zacarías, repitió esta profecía para su hijo.

LEER & REFLEXIONAR

Leer Lucas 1:76-80

- ¿En qué se parecen las profecías de Zacarías y de Isaías? ¿Cuál es la diferencia?

- ¿Qué evidencia hay en el versículo 80 de que estas profecías se están cumpliendo?

Juan el Bautista es el que prepararía el camino para el Señor. Al crecer con padres devotos y fieles, se fortaleció en espíritu y se dirigió al desierto, donde se probó su fuerza y creció hasta que estuvo listo para comenzar a predicar.

Leer Mateo 3:1-6

- ¿Cómo era la vida de Juan en el desierto?

- ¿Qué razón da Juan para bautizarse?

- ¿De qué manera la vida de Juan en el desierto pudo haberlo preparado para el ministerio?

El profeta que Israel había estado esperando estaba pasando tiempo en el desierto. Tal vez las langostas sean más deliciosas de lo que imagino, pero eso no suena como una vida fácil. Y su mensaje no fue fácil: arrepentirse. El arrepentimiento es otra palabra para cambiar de rumbo. El mensaje de Juan era que los judíos iban por el camino equivocado, siguiendo las cosas equivocadas, y que necesitaban volverse hacia Dios.

En mi iglesia, a menudo decimos que el bautismo es una expresión externa de una transformación interior. Viniendo de una familia católica romana, fui bautizada cuando era una bebé. No puedo decir que recuerde nada de ese día, pero he visto fotos. Mi mamá y mi papá estuvieron presentes junto con mis padrinos, mi Tía Nubia y mi Tío Henry. Tía Nubia me sostuvo en sus brazos mientras el sacerdote vertía agua sobre mi cabeza.

Más tarde, en la escuela secundaria, comencé a considerar mi fe más seriamente. Había estado asistiendo a una iglesia protestante con amigos y surgió el tema del bautismo. Al principio, me resistí a cualquier invitación para bautizarme porque ya lo había hecho. No quería rechazar el bautismo de mis padres haciendo una "repetición de la prueba". Con el tiempo, a medida que leía las Escrituras y tenía conversaciones, me convencí de la validez del bautismo del creyente por inmersión. A la edad de dieciocho años, después de mucha oración y conversación con mis padres, tomé la decisión de bautizarme de nuevo. A mi modo de ver, mi decisión de bautizarme afirmó mi primer bautismo, un compromiso de mi corazón y mi mente de buscar a Jesús, que es el deseo que mis padres tenían para mí desde el principio.

- Bautizarme a los dieciocho años fue mi decisión de arrepentirme y comprometerme a seguir el camino de Jesús. ¿De qué manera Dios podría estar llamándote ahora a arrepentirte y seguir el camino de Jesús?

- Si aún no has dado el paso del arrepentimiento y el bautismo, tómate un tiempo para orar y considerar cómo sería esto para ti.

- Si has dado este paso, tómate un tiempo para agradecer a Dios por su fidelidad, por la salvación que se encuentra en Jesús y por la obra del Espíritu Santo en tu vida.

ORAR

Si escucharas a Juan llamándote a ti para que te arrepintieras a fin de prepararte para el regreso de Jesús, ¿de qué podría estar pidiendo que te arrepintieras? Tómate un tiempo para escribir una oración de arrepentimiento.

DÍA 3

Hoy quiero ver la historia de Juan el Bautista desde un punto de vista diferente: el registrado en el Evangelio de Juan. Aquí vemos una disputa que surge de parte de los seguidores de Juan. Están molestos porque Jesús ha comenzado su ministerio y también está bautizando a la gente. ¡Grosero! ¿No sabe que ese es el trabajo de Juan?

LEER & REFLEXIONAR

Leer Juan 3:25-30

- ¿Cómo describe Juan su papel en relación con Jesús?

Juan 3:30 incluye una declaración de Juan el Bautista que se cita con frecuencia en iglesias y grupos de jóvenes. De hecho, cuando era adolescente, mi propio grupo de jóvenes tenía camisetas con esta frase impresa en la espalda: "A él le toca crecer y a mí, menguar".

- Pensando en la relación entre Juan y Jesús, ¿por qué Juan "disminuiría" y cómo podría haber sido eso para él?

- Si el objetivo es hacer espacio para que Jesús "crezca", ¿cómo sería para ti "disminuir"?

Disminuir puede ser difícil para aquellos de nosotros que obtenemos nuestro sentido de valor al aumentar. Pero recuerda que antes de que Juan el Bautista comenzó su ministerio, incluso antes de nacer, estaba lleno del Espíritu Santo. Este relleno le ayudó a mantener la atención en su tarea. Aunque no se nos cuentan muchos detalles de la educación de Juan, puedo imaginar que a medida que crecía, sus padres le recordaban de las palabras que el ángel habló. Me imagino que, mientras caminaba por el desierto, esa llenura del Espíritu le ayudó a recordar su encargo y a cumplirlo.

Leer Mateo 3:4-10

- ¿Cómo describe a Juan el versículo 4?

- ¿Qué les dijo a los poderosos fariseos y saduceos que hicieran?

Seguir su asignación en el desierto no era para los débiles de corazón, sin embargo, Juan, lleno del Espíritu, permaneció firme en su ministerio. Cuando nos asociamos con Dios en el ministerio, nosotros también debemos elegir caminar en el poder del Espíritu Santo. ¿Cómo aprovechamos ese poder del Espíritu Santo? Disminuyendo la velocidad. Tomando una pausa. Escuchando. Sumergiéndonos en las Escrituras. ¿La voz apacible y delicada? Eso es todo.

Cuando la colaboración con Dios nos lleva al desierto, nuevamente debemos elegir caminar en el poder del Espíritu Santo. Cuando otras personas están confundidas acerca de nuestra misión o tratan de cambiarla, elegimos permanecer firmes en el poder del Espíritu Santo.

Todos estamos llamados al ministerio de alguna manera, ya sea que trabajemos para una iglesia, un banco, un bufete de abogados o como padres a tiempo completo. Cada uno de nosotros está llamado a ser ministros en nuestras esferas de influencia. Cuando tomamos en serio ese llamado, experimentaremos adversidad, tendremos momentos en el desierto. Y podemos aprovechar el poder del Espíritu Santo de la misma manera que lo hizo Juan. Esta es la esencia de la fortaleza espiritual, la confianza en y la alineación con el Espíritu Santo, y no hay mejor lugar para desarrollar esta fuerza que el desierto.

ORAR

De vez en cuando, en este estudio, les pediré que lean y reflexionen sobre un salmo. El libro de los Salmos es una colección de 150 obras de poesía hebrea. Son canciones. El libro real de los Salmos se divide a su vez en cinco libros llenos de oraciones y alabanzas que se usaban en la adoración colectiva. Además, hay diferentes categorías de salmos. Hay salmos de alabanza, salmos de acción de gracias, salmos de recuerdo e incluso salmos de lamento.

Estos salmos, u oraciones, tenían la intención de guiar a los fieles. ¿Alguna vez has sentido que no tienes las palabras para expresar tus sentimientos a Dios? Los salmos pueden guiarte en la expresión de tu angustia y luego orientarte hacia la celebración de la bondad y el poder de Dios.

Al terminar nuestro tiempo hoy, tómate un momento para respirar y concentrarte en estas palabras del salmista. Imagínate a Juan el Bautista orando estas palabras mientras comía langostas en el desierto. Imagínalo orando estas palabras por la mañana antes de un día completo de bautizar a las personas. Ahora ora por última vez por ti mismo.

> Crea en mí, oh Dios, un corazón limpio
> y renueva un espíritu firme dentro de mí.
> No me alejes de tu presencia
> ni me quites tu Santo Espíritu.
> Devuélveme la alegría de tu salvación;
> que un espíritu de obediencia me sostenga.
> Así enseñaré a los transgresores tus caminos,
> y los pecadores se volverán a ti.
> (Salmo 51:10-13)

DÍA 4

Desafortunadamente, John encuentra un final prematuro. Al hablar en contra de Herodes, es arrestado y encarcelado.

LEER & REFLEXIONAR

Leer Mateo 14:1-13

- ¿Por qué Herodes tiene miedo de matar a Juan?

- ¿De qué manera la muerte de Juan afectó a sus discípulos? ¿Cómo afectó a Jesús?

Por la gracia de Dios, este no es el final de la historia de Juan. Aunque Juan encuentra un final prematuro, su ministerio sigue vivo. El libro de los Hechos cuenta la historia de la iglesia primitiva después de que se terminó el ministerio terrenal de Jesús. Lo que me encanta de Hechos es que muestra el impacto del ministerio de Juan, así como el entrelazamiento del ministerio de Jesús con el suyo.

Leer Hechos 18:24-28

- ¿Cómo describen a Apolos los versículos 24 y 25?

Está claro que el ministerio de Juan ha tenido un efecto duradero. Este hombre, Apolos, era un alejandrino, de África. La noticia del llamado de Juan al arrepentimiento y al bautismo había llegado incluso allí. Y Apolos pasa a tener un ministerio eficaz viajando y predicando el evangelio de Jesucristo.

La muerte de Juan y su legado continuo son un humilde recordatorio de que el mundo en el que vivimos está suspendido en una realidad de "ya/todavía no". El pecado todavía tiene influencia en nuestro mundo y a veces suceden cosas terribles.

Me acuerdo de esto cuando enciendo las noticias y escucho sobre incendios forestales que destruyen hogares, migrantes atrapados en la frontera o gobiernos injustos que se aprovechan de los ciudadanos. Hay muchas experiencias y tragedias en la naturaleza salvaje del desierto que lamentar en nuestro mundo.

- ¿Qué realidad o experiencia desafortunada en el desierto estás lamentando hoy? Puede ser algo que hayas visto en las noticias o algo personal en tu vida. Tómate unos minutos para llorar y poner tus cargas a los pies de Jesús. Escribe sobre ello en el espacio de abajo.

- ¿De qué manera el saber que el legado del ministerio de Juan sobrevivió a su trágica muerte puede animarte a ti mientras lloras?

ORAR

Termina tu tiempo hoy orando para que Dios te dé ojos para ver cómo termina la historia a pesar de las circunstancias difíciles actuales.

DÍA 5

DÍA DE REFLEXIÓN

Lectio Divina (2 Corintios 4:8-9)

El quinto día de cada semana tendremos un "día de reflexión". Descansaremos de nuestro estudio para que podamos hacer una pausa y reflexionar sobre lo que Dios quiere que nos llevemos. Para cada uno de estos días de reflexión semanal, me gustaría presentar una práctica espiritual que te ayudará en tu contemplación. El objetivo no es incorporar todas estas prácticas a tus ritmos diarios. Más bien, es mi esperanza darte una muestra de algunas prácticas diferentes disponibles para que puedas encontrar una que se adapte a tu personalidad y a tu etapa en la vida.

Hoy participaremos en la práctica de la *lectio divina*. *Lectio divina* en latín significa "lectura divina". Es una antigua práctica contemplativa que nos ayuda a reducir la velocidad y sumergirnos en las Escrituras para que podamos tener un encuentro con Dios. Esta semana nos sumergiremos en un pasaje de 2 Corintios. Si bien este pasaje fue escrito después de la vida de Juan el Bautista, podemos imaginar que le hubiera brindado un gran consuelo durante sus temporadas en el desierto.

Busca un espacio tranquilo y cómodo. Una vez que estés sentada y lista, respira lenta y profundamente. Pídele a Dios que se encuentre contigo en este espacio y te hable a través de los versículos que estás a punto de leer. Recordando que nuestra definición de fortaleza espiritual es la confianza y la alineación con el Espíritu Santo, confiando en que Dios obrará en nosotros y a través de nosotros, use la guía a continuación para sumergirte en 2 Corintios 4:7-9:

> Pero tenemos este tesoro en vasijas de barro para que se vea que tan sublime poder viene de Dios y no de nosotros. Nos vemos atribulados en todo, pero no abatidos; perplejos, pero no desesperados; perseguidos, pero no abandonados; derribados, pero no destruidos.

Lectio (leer). Esta es tu primera lectura del pasaje. Léelo lentamente y en oración, abriéndote a la presencia de Dios. Si lo deseas, lee en silencio o en voz alta. Fíjate en cualquier palabra o frase que te llame la atención. Confía en que Dios traerá a la mente lo que quiere enfatizar. Permite un tiempo de silencio después de leer el pasaje.

Meditatio (reflexionar). En la segunda lectura en oración del pasaje, concéntrate más en las palabras o frases que te llamaron la atención en la primera lectura. Reflexiona sobre por qué Dios te destacaría estas palabras. Trata de no analizar el texto demasiado profundamente, sino más bien recibe lo que Dios tiene para ti durante este tiempo. Hazle preguntas y escucha su respuesta.

Oratio (responder). Lee el pasaje por tercera vez y luego responde. Esta es tu oportunidad de responder a lo que sea que el Padre te esté invitando. Puede que te resulte útil anotar tu respuesta en un diario para que puedas volver a leerla más tarde. También puedes simplemente orar en voz alta o en silencio.

Contemplatio (descanso). El enfoque de la cuarta lectura en oración es descansar en el amor que Dios tiene por ti. No tienes que hacer ni decir nada. Deja que el Espíritu Santo te llene y te refresque. Siéntate en silencio todo el tiempo que necesites.

Es posible que nos sintamos afligidos. Es posible que experimentemos pruebas. Podemos estar confundidos. Incluso podemos estar perdidos. Pero no estamos aplastados. No debemos desesperarnos. No estamos abandonados. Y ciertamente no estamos destruidos. Estamos siendo refinados y conformados a la imagen de Jesús en preparación para cumplir su propósito en y a través de nosotros.

SEMANA 2

EL DESIERTO DE LA OPRESIÓN

Sesión grupal

En la segunda semana de nuestro estudio, centraremos nuestra atención en un tema difícil: la opresión. La realidad del mundo en el que vivimos es que muchos se enfrentan a la opresión, una experiencia que tiene todas las características del desierto.

VIDEO

Mira el video de esta semana.

ACTIVIDAD DE APERTURA

Compartir. Como aprendimos en el video, Dios vio y escuchó a Agar cuando se sintió sola en el desierto. Para ayudarte a imaginar el impacto de eso en Agar:

1. Piensa en un momento en el que alguien te vio cuando realmente lo necesitabas. ¿Cuál fue el impacto de ese encuentro?

2. Piensa en un momento en el que *no* te escucharon. ¿Cómo te afectó eso?

REFLEXIONAR

El autor del Salmo 34 hace una poderosa proclamación en el versículo 18: "El SEÑOR está cerca de los quebrantados de corazón, / y salva a los de espíritu abatido" (Salmo 34:18).

3. ¿Cómo has sentido la presencia de Dios cuando has experimentado desaliento o angustia? Si estás dispuesta, tómate un minuto para compartir con el grupo como un estímulo para aquellos que pueden estar luchando por ver la actividad de Dios en sus vidas.

Leer Génesis 16:4-15.

4. ¿Qué partes de la historia de Agar te afectan más, positiva y negativamente?

5. ¿Cómo reaccionó Agar al verse obligada a tener el bebé de Abram?

6. ¿Cómo reaccionó Agar al maltrato que Saray le infligía?

7. ¿Cómo se encontró Dios con Agar cuando ella estaba en el desierto, "quebrantada de corazón" y "abatida de espíritu"? Haz una lista de todo lo que hace el ángel del Señor en los versículos 7-11.

   ¿Cuál es el significado, entonces y ahora, del nombre de Ismael? (Génesis 16:11)

8. ¿Cuál es el significado, entonces y ahora, del nombre de Agar para Dios, El Roí? (Génesis 16:14)

9. ¿De qué manera te trae consuelo la verdad de que Dios te ve?

10. Sabiendo que Dios te escucha, si pudieras pedirle una cosa, ¿cuál sería?

A medida que avanzamos en los diferentes días del estudio de esta semana, descubriremos otras historias de opresión de la Biblia y de nuestro mundo moderno. Cuídate bien mientras exploramos estas historias. Apóyate en Dios para que te muestre cómo está obrando.

ORAR

Dios fiel y digno de confianza, tú eres El Roí, el Dios que ve. Tú también eres el Dios que oye. Tu Palabra promete que siempre estás cerca y que tu plan no puede ser obstaculizado. Recuérdanos esta verdad cuando estemos pasando por nuestras propias luchas. Ayúdanos a ver a los demás como tú nos ves. Y ayúdanos a confiar plenamente en ti, ya sea que estemos caminando en el desierto o sentados en el santuario. En el nombre de Jesús, amén.

Si el tiempo lo permite, compartan unos con otros cualquier petición de oración y tráiganla a nuestro Dios fiel y confiable en oración.

DÍA 1

Abram y Saray (más tarde renombrados como Abraham y Sara) recibieron una promesa de Dios. Esta promesa era que Abraham tendría numerosos descendientes. Pero a medida que pasaban los años, los hijos prometidos no aparecían. Tal vez Saray y Abram se sintieron como si estuvieran en su propio desierto, sintiéndose invisibles y no escuchados por Dios mientras esperaban que se cumplieran sus promesas.

LEER & REFLEXIONAR

Leer Génesis 16:1-6

- ¿Cómo reaccionaron Abram y Saray durante ese tiempo de espera?

Parece que les surgió la duda de que Dios no cumpliera su promesa. ¿La evidencia? Sara toma el asunto en sus propias manos al darle a Agar, una esclava egipcia, para que Abraham produzca un heredero. En la Semana 1, dijimos que "La fortaleza espiritual no se trata de cavar profundo o levantarte con tus propias fuerzas. Más bien, es confianza y alineación con el Espíritu Santo, es una resiliencia que se desarrolla cuando confiamos en que Dios hará la obra en nosotros y a través de nosotros". La debilidad de Sara aquí es sorprendente.

- ¿Cómo puede la incredulidad minar nuestra fuerza espiritual?

- ¿Cuándo has dudado de Dios?

- ¿De qué manera tus dudas acerca de Dios han influido en tu respuesta a su guía o a sus promesas? ¿De qué manera tus dudas han afectado la forma en que oras?

- En lugar de tomar el asunto en sus propias manos, ¿cómo podrían haber desarrollado Saray y Abram su fortaleza espiritual mientras esperaban?

- Imaginando que eres Saray o Abram, escribe cómo podrías haber orado durante ese tiempo.

Honestamente, esta historia es difícil de tragar para mí. Se supone que Abraham es un "héroe de la fe". ¿Por qué no interviene? ¿Por qué participa en esta injusticia? Si alguna vez has estado en una posición en la que has experimentado a alguien abusando de su poder o descuidando su responsabilidad, sabes que es una posición increíblemente difícil en la que estar. Pienso en las muchas historias de abuso espiritual que han salido a la luz. Historias de pastores que son acosadores o se aprovechan de las mujeres a su cuidado. Historias de abuso o negligencia infantil. Me duele, porque así no es el corazón de Dios.

El único consuelo que me da leer esta historia es que su inclusión en las Escrituras me recuerda que la Biblia está llena de historias de personas reales, personas que se quedaron cortas y se equivocaron. Pero todas sus historias apuntan a nuestro Dios bueno y grande que nos ve, nos oye y nos conoce y permanece fiel a todas sus promesas. La lección que saco de esta historia es que siempre es una mala idea tratar de cumplir la voluntad de Dios con esfuerzo humano, esto es debilidad espiritual, y hacerlo puede conducir al desastre. Incluso puede conducir al abuso y a la injusticia, como es el caso de Agar.

Abram y Saray apartaron sus ojos de Dios y decidieron "ayudarlo" a cumplir su promesa. Olvidaron que Dios es fiel y no necesita ser manipulado o maniobrado para cumplir sus promesas. Dios es fiel; nosotros no lo somos. Tropezaremos y vacilaremos, pero él nunca lo hará.

ORAR

Al terminar hoy, reflexiona sobre estas preguntas:

- ¿A quién lastimamos cuando tomamos el asunto en nuestras propias manos?

- ¿Cómo podemos mantener nuestros ojos en Dios y recordar que él es fiel simplemente por ser quien es y no por algo que nosotros hacemos?

DÍA 2

Agar, desesperada y sola, ha huido al desierto. En este lugar seco y desolado, Dios se encuentra con ella. La naturaleza salvaje es a menudo aislante y aterradora, especialmente cuando nos encontramos allí debido al maltrato o la opresión. Excepto que Agar no estaba técnicamente sola: estaba embarazada, lo que debe haber aumentado su miedo.

Cuando mi mamá estaba embarazada de mí, ella y mi papá tuvieron que huir de su país de origen, Nicaragua. La guerra civil había estallado en las calles de su ciudad y mi padre estaba en el punto de mira. Sus vidas corrían peligro. Al igual que Agar, sintieron que no tenían más remedio que huir. Puedo imaginar no solo el miedo sino también la esperanza de una vida mejor que impulsa a alguien a tomar una decisión tan arriesgada: entrar voluntariamente en el desierto, el lugar solitario de la pérdida y la confusión.

Para Agar, el desierto era literalmente un desierto. Para mis padres, el desierto era una tierra extranjera donde no conocían a nadie, no tenían perspectivas de trabajo y no hablaban el idioma. Estoy segura de que el desierto era el último lugar donde Agar esperaba encontrarse con Dios.

LEER & REFLEXIONAR

Leer Génesis 16:7-10

- ¿Qué preguntas le hace el ángel del Señor a Agar?

- ¿Cómo le responde Agar?

Dios sabe la respuesta a estas preguntas, pero las hace porque quiere que Agar sepa que la ve, que quiere tener una relación con ella y que quiere que ella tenga el albedrío para elaborar sus pensamientos y acciones. Él hace lo mismo por ti.

- ¿Cómo responderías a las mismas preguntas que Dios le hizo a Agar?

- ¿De dónde vienes?

■ ¿A dónde vas?

Quizás todavía no sabes las respuestas. Después de todo, incluso Agar solo respondió a la primera pregunta e ignoró la segunda. Está bien. Darnos tiempo y espacio para examinar dónde estamos le permite al Espíritu Santo trabajar en y a través de nosotros.

Leer Génesis 16:11-15

Cuando Agar termina su conversación con el Señor, le da a Dios un nombre, El Roí, "el Dios que me ve". ¡Está abrumada con el hecho de que Dios la haya visto! Esto es lo que me llama la atención. Nada en la situación de Agar cambió. De hecho, Dios le dio un mensaje difícil cuando la animó a regresar a Saray y criar a su hijo en la casa de Abram. Pero algo en su encuentro con El Roí le dio coraje y seguridad.

Ser visto es algo complicado. Por un lado, todos queremos ser vistos. Nadie quiere ser ignorado o relegado a un segundo plano. Por otro lado, a veces ser visto puede ser aterrador. ¿Y si no estamos a la altura? ¿Qué pasa si la gente se da cuenta de todos nuestros errores, peculiaridades o complejos? ¿Qué pasa si nos llaman a hacer algo para lo que no nos sentimos preparados?

¿Están listos para las buenas noticias? Con Dios somos plenamente vistos, plenamente conocidos y plenamente amados. Dios nos ve, a todos nosotros, y nos ama a todos. No tienen que esconder nada de ustedes mismos porque Dios ya lo sabe, y él los ama a todos.

- ¿Qué te da miedo de que la gente vea?

- ¿Cómo se siente ser amado incondicionalmente?

Esta no fue la última experiencia de Agar en el desierto. Si vives lo suficiente, es probable que te encuentres con múltiples experiencias de desierto. Mañana exploraremos la próxima experiencia de Agar en la naturaleza salvaje.

ORAR

Terminemos hoy con una oración:

Tú eres El Roí, el Dios que ve. Gracias por ser un Dios bueno y misericordioso que ve todo de mí y nunca me deja solo. Dame ojos para ver también. Abre mis ojos a la actividad de tu Espíritu a mi alrededor. En el nombre de Jesús, amén.

DÍA 3

Han pasado años desde Génesis 16, y Abraham y Sara (los nuevos nombres que Dios les dio a Abram y Saray) finalmente han dado la bienvenida a su hijo, Isaac, al mundo. Y una vez más vemos las consecuencias de la opresión. Sara no quiere que Ismael, el hijo de Agar, crezca como coheredero con Isaac y le dice a Abraham que los destierre al desierto.

Una vez más, las personas que debían cuidar de Agar e Ismael son las mismas que los descartan. Agar no huye esta vez; se ve obligada a irse.

LEER & REFLEXIONAR

Leer Génesis 21:1-19

- ¿Qué les da Abraham a Agar e Ismael para su viaje?

- ¿Qué sucede cuando se agotan sus provisiones?

- ¿Cómo se encuentra Dios con Agar en el desierto esta vez?

La Biblia nos dice que Abraham es rico en ganado, plata y oro (Génesis 13:2). Por lo tanto, ciertamente les podría haber dado a Agar e Ismael riquezas, incluso sirvientes, para que los acompañaran en su viaje. Pero la opresión que Agar enfrentó por parte de Sara y Abraham en el pasado continúa, ya que Abraham retiene las provisiones necesarias para la sobrevivencia mientras Agar e Ismael establecen su nueva vida.

Pero Dios no se ha olvidado de Agar y no ha olvidado las promesas que le hizo la primera vez que estuvo en el desierto. Es posible que ella dudara de que él cumpliera esas promesas, pero Dios todavía la ve, y esta vez le abre los ojos para ver un pozo.

Dios provee para Agar de una manera dulce y sencilla. Él le ayuda a ver que no está sola, ni siquiera en el desierto.

- ¿De qué maneras se han abierto tus ojos durante las temporadas de desierto?

- ¿Cómo has experimentado a Dios en el desierto de una manera que en otras circunstancias no lo habrías hecho?

Leer el Salmo 23

El Salmo 23 describe cuan poderosamente podemos experimentar a Dios en el desierto. Este quizás sea un pasaje familiar para ti. Habla de Dios como nuestro pastor llevándonos a través del desierto—el valle de sombra de muerte.

- Haz una lista de todo lo que hace el pastor en este pasaje.

- ¿Cómo reacciona el salmista a todo lo que hace el pastor?

Una manera de construir fortaleza espiritual es recordar lo que el pastor hace por nosotros cuando estamos en el desierto. No tenemos que buscar pastos verdes o llenar nuestras propias copas. Simplemente confiamos en el pastor y recibimos todo lo que provee.

ORAR

Termina tu día escribiendo las maneras en que Dios te ha cuidado y ha provisto por ti. Guarda esta lista para que puedas mirarla después y recordar el cuido de Dios. Si estás pasando por un tiempo difícil, añadir si quiera un solo elemento a esta lista puede ser un desafío. Querido amigo, espero que sepas que Dios está contigo, incluso en este valle.

DÍA 4

Terminamos la historia de Agar viendo que Dios no los abandona ni a ella ni a su hijo, Ismael.

LEER & REFLEXIONAR

Leer Génesis 21:20-21

- A pesar de los abusos de Abraham y Sara, ¿cómo florecen Agar e Ismael?

A pesar de experimentar muchos contratiempos, Agar e Ismael experimentan a Dios con ellos. De hecho, aquí vemos evidencia de que él comenzó a cumplir las promesas que le hizo a Agar en el capítulo 16. Confiar en que Dios cumpliría sus promesas fue difícil no solo para Abraham, Sara y Agar. La iglesia primitiva también luchó por confiar en Dios.

Leer Gálatas 4:21-26

Pablo dice que el contraste entre Agar y Sara debe entenderse en sentido figurado. Una vez entendido esto, rellena el siguiente cuadro.

	AGAR	SARA
¿Nombre de hijo?		
¿Cómo fue concebido?		
¿Pacto del monte Sinaí o Jerusalén de arriba?		
¿Bajo la ley? (sí o no)		

Aquí el apóstol Pablo está instruyendo a la iglesia en Galacia acerca de algo muy importante, y usa la historia de Agar y Sara para ilustrar su punto. Muchos de los gálatas habían sido engañados y deseaban estar "bajo la ley", probablemente porque creían que su vínculo étnico con la ley los hacía justos. Sin embargo, Pablo les aclara la cosa. Él les recuerda: "El de la esclava nació por decisión humana, pero el de la libre nació en cumplimiento de una promesa" (Gálatas 4:23). Abraham y Sara intentaron actuar independientemente de Dios. Trataron de tomar el asunto en sus propias manos e hicieron un desastre. Isaac, sin embargo, nació a través de una intervención sobrenatural, una muestra del poder y la habilidad de Dios, un verdadero cumplimiento de su promesa. Esto muestra la promesa de Dios frente al esfuerzo humano.

Pablo usa este relato como una ilustración de la ley y de Cristo—el antiguo pacto y el nuevo pacto. Los gálatas querían vivir según el antiguo pacto, pero Pablo demuestra que el pacto de promesa de Dios con Abraham se cumple en Cristo y su sacrificio. Hoy, los que confiamos en Jesús somos destinatarios de la gracia y de la libertad, verdaderos hijos de Abraham, libres de las obligaciones de la ley, libres para servir a Dios. Somos herederos plenos de la promesa abrahámica. Esto es lo que ganamos como aquellos que confían en la promesa de Dios en lugar del esfuerzo humano.

- Aunque sabemos que podemos confiar en las promesas de Dios, a menudo ponemos nuestra esperanza en el esfuerzo humano. Tómate unos momentos para identificar los lugares de tu vida en los que todavía te resulta especialmente difícil confiar en Dios.

- Al pensar en la vida de Agar, quien enfrentó la opresión y otras experiencias en el desierto, ¿cuál de los siguientes aspectos del carácter de Dios deseas recordar más a medida que te fortaleces espiritualmente, aprendiendo a confiar en Dios cada vez más?
    - ☐ Dios está contigo en el desierto, en el valle de sombra de muerte, frente a tus enemigos.
    - ☐ Dios te ve y oye tu miseria.
    - ☐ Dios te hace preguntas y te da tiempo para responder.
    - ☐ Dios abre tus ojos a la provisión.
    - ☐ Dios es tu pastor que liderea, guía, prepara, unge y provee para ti.

ORAR

Escribe una oración de acción de gracias por este aspecto del carácter de Dios. Termina pidiéndole a Dios que te ayude a confiar en él cada vez más a medida que enfrentas experiencias de desierto en el futuro.

Al terminar nuestro tiempo hoy, únete al salmista para alabar al Señor por todo lo que hace por los oprimidos.

¡Aleluya!

Alaba, alma mía, al Señor.
   Alabaré al Señor toda mi vida;
   mientras haya aliento en mí, cantaré salmos a mi Dios.

No pongan su confianza en gente poderosa,
   en simples mortales, que no pueden salvar.
Exhalan el espíritu y vuelven al polvo,
   y ese mismo día se arruinan sus planes.

Dichoso aquel cuya ayuda es el Dios de Jacob,
   cuya esperanza está en el Señor su Dios,

que hizo el cielo y la tierra,
   el mar y todo lo que hay en ellos
   y que siempre mantiene la verdad.

El S<small>EÑOR</small> hace justicia a los oprimidos,
>   da de comer a los hambrientos
>   y pone en libertad a los cautivos.

El S<small>EÑOR</small> da vista a los ciegos,
>   el S<small>EÑOR</small> levanta a los agobiados,
>   el S<small>EÑOR</small> ama a los justos.

El S<small>EÑOR</small> protege al extranjero
>   y sostiene al huérfano y a la viuda,
>   pero frustra los planes de los malvados.

¡Oh Sión, que el S<small>EÑOR</small> reine para siempre!
¡Que tu Dios reine por todas las generaciones!

¡Aleluya!
(Salmo 146)

DÍA 5

DÍA DE REFLEXIÓN

Oración de Examen

Hemos llegado al final de otra semana, y esta no ha sido fácil. Las historias de dolor, tragedia y opresión pueden pesarnos mucho cuando nos sentamos con ellas. Es importante que cuidemos bien nuestro corazón.

Una práctica que he comenzado y que me ayuda con esto es el examen diario. Esta es una técnica de reflexión orante sobre los eventos del día para notar la presencia de Dios y discernir su dirección. El examen diario es una antigua práctica de San Ignacio que puede ayudarnos a ver la actividad de Dios en nuestra vida cotidiana.

A veces, como con Agar en el desierto, es fácil ver a Dios. Otras veces, como con los muchos años de esclavitud de Agar y el preguntarse si Dios en algún momento rescataría a ella y a su hijo, puede ser más difícil ver dónde está obrando Dios. Cuando no podemos ver a Dios obrando, es más difícil confiar en que él es nuestro buen pastor que cumplirá sus promesas y nos llevará a casa. El examen nos ayuda a ver a Dios obrando y a construir la fuerza necesaria para confiar en Dios y seguirlo.

Encuentro que el examen también es útil para identificar mis emociones y llevarlas a Dios, lo cual es especialmente clave cuando se trata de un duelo, como nosotros hemos hecho esta semana.

Hay muchas versiones diferentes de la oración en circulación, pero hay cinco pasos básicos:

1. ***Toma conciencia de la presencia de Dios.*** Primero, crea un ambiente en el que puedas tener conciencia de Dios. Ponte cómodo. Respira más despacio. Calma tu corazón. Reconoce que Dios está contigo.

2. ***Da gracias.*** Mira hacia atrás en tu día y da gracias a Dios por cualquier cosa por la que te sientas agradecido. Podría ser el sabor de tu café, tu familia, la falta de tráfico en el camino al trabajo, las buenas noticias de un amigo. Cualquier cosa.

3. ***Revisa el día.*** Vuelve a mirar hacia atrás en tu día, esta vez prestando atención a tus emociones. ¿Qué es lo que más te llama la atención? ¿Cuándo te sentiste cerca de Dios? ¿Cuándo te sentiste lejos de Dios?

4. ***Responder.*** Habla con Dios sobre tu día. Dile cómo te sentiste. Pregúntale qué podría estar diciéndote a través de tus sentimientos. Habla con Dios sobre lo que te venga a la mente.

5. ***Mira hacia el mañana.*** Comparte con Dios lo que esperas con ansias y lo que te puede inquietar. ¿Cómo quieres entrar en el mañana?

Permite que esta oración aquiete tu corazón, te ayude a prestar atención a Dios, y te centre en Jesús.

SEMANA 3

EL DESIERTO DEL PECADO

Sesión grupal

Adán y Eva fueron los primeros en experimentar el desierto en las Escrituras. A lo largo de esta semana, veremos por qué estaban en el desierto y cómo Dios se preocupaba por ellos incluso cuando no confiaban en él. Es la bondad de Dios la que conduce al arrepentimiento y a la transformación.

VIDEO

Mira el video de esta semana.

ACTIVIDAD DE APERTURA

Mencioné en el video que me encantan las plantas y trato de imaginar lo hermoso que debe haber sido el Edén. Esto también me hace preguntarme cómo era el desierto fuera del Edén. ¿Qué vieron Adán y Eva cuando salieron del jardín? En el espacio designado, tómate cinco minutos para hacer dibujos o hacer una lista de palabras que te ayuden a imaginar tanto el Edén como el desierto.

EDÉN	DESIERTO FUERA DEL JARDÍN

1. Al mirar cada lado del esquema, ¿qué palabra o frase capta mejor tu vida hoy? (Es posible que tengas elementos de ambos lados).

REFLEXIONAR

Leer Génesis 1:26–2:3.

2. ¿Qué características de Dios notas en este pasaje?

3. ¿Cómo provee Dios para Adán y Eva?

4. ¿Por qué es importante, tanto para Dios como para nosotros, que Dios descanse?

La semana pasada exploramos cómo la duda puede minar nuestra fuerza espiritual, haciendo que sea más difícil confiar en Dios. Aquí vemos a Satanás plantando esas semillas de duda. El comienzo de su pregunta, "*¿Realmente dijo Dios...?*", pone en tela de juicio la bondad de Dios.

5. ¿De qué manera las palabras de la serpiente ponen en tela de juicio esas características de Dios que identificaste anteriormente?

6. Teniendo presentes las características de Dios, ¿cómo pudo haber respondido Eva a la serpiente?

7. Piensa en un área de tu vida en la que necesites confiar en la bondad de Dios. Si la serpiente estuviera parada frente a ti en este momento, tratando de tentarte a dudar de Dios, ¿cómo podría terminar la pregunta "¿Realmente dijo Dios...?" ¿Cómo podrías responder tú?

Lee el Salmo 111:7.

8. ¿Qué dice este versículo acerca de las obras de las manos de Dios? ¿Sobre sus instrucciones/mandamientos?

9. ¿Por qué son confiables los mandamientos de Dios?

10. ¿Qué es lo que consideras digno de confianza en los mandamientos de Dios?

11. ¿A dónde te está guiando el Espíritu Santo para que confíes más plenamente en Dios?

Una advertencia: la duda en sí misma no es un pecado. Cuando llevamos nuestras dudas a Dios, incluso las dudas acerca de él, significa que realmente lo estamos buscando. Y Dios siempre honra ese tipo de búsqueda genuina.

ORAR

Oren para terminar su tiempo juntos. Puedes usar la siguiente oración o inventar la tuya propia:

Dios fiel y digno de confianza, gracias por tu misericordia. Desde el comienzo de Génesis, tu carácter se manifiesta. Creaste a la humanidad a partir de la abundancia de tu amor, creaste a la humanidad a tu imagen. Tu intención siempre ha sido proveer para tu creación, y lo vemos más claramente en Jesús. Al comenzar este estudio, ayúdanos, por medio del poder de tu Espíritu, a edificar los cimientos de confianza en nuestra relación contigo. Ayúdanos a recordar tu bondad. En el nombre de Jesús, amén.

Si el tiempo lo permite, compartan entre sí cualquier petición de oración y tráiganla a nuestro Dios fiel y confiable en oración.

DÍA 1

En la sesión grupal de esta semana, exploramos cómo la serpiente tentó a Adán y Eva a dudar de la bondad de Dios, causando una brecha en sus relaciones. Hoy vamos a retroceder un poco para ver cómo comenzaron esas relaciones.

LEER & REFLEXIONAR

Leer Génesis 1:26-27

- Haz una lista de todas las palabras repetidas en estos versículos. (Siéntete libre de incluir palabras que tengan el mismo significado).

Toda la humanidad ha sido creada a imagen y semejanza de Dios, la *imago Dei*. Ser hecho a imagen de Dios implica dignidad y valor inherentes para todas las personas. Ser hecho a la imagen de Dios es una designación bíblica para la naturaleza, el estatus y el valor únicos de la humanidad entre toda la creación de Dios. ¡Ninguna otra criatura lleva la imagen de Dios! Eso es muy especial.

Ser hechos a la imagen de Dios también implica que hemos sido creados para tener una relación con Dios: tenemos la capacidad de relacionarnos con Dios de una manera única que es diferente al resto de las criaturas de Dios.

- Cuando aceptamos que estamos hechos a la imagen de Dios y que Dios desea tener una relación con nosotros, ¿qué nos dice eso sobre el carácter de Dios?

La Biblia es la historia de Dios porque nos revela quien es Dios y que es lo que ha hecho. Al leer la Biblia, una de las mejores preguntas que podemos hacernos es: *¿Qué puedo aprender de este pasaje sobre el carácter de Dios?*

Leer Génesis 1:27-29; 2:16-17

- En esos versículos, ¿de qué son responsables Adán y Eva? ¿De qué es responsable Dios?

- Cuando leemos acerca de los términos que Dios estableció con Adán y Eva en Génesis 1 y 2, ¿qué nos dicen acerca del carácter de Dios?

El hecho de que Dios les ofrezca responsabilidades a Adán y Eva nos dice mucho sobre cómo ve Dios a la humanidad. No somos simples marionetas; somos colaboradores. Dios confía en nosotros para ser mayordomos de los recursos que él provee. El trabajo es una parte esencial de la dignidad humana. Todos tenemos dignidad y valor inherentes porque todos llevamos la imagen de Dios. Esta es una realidad hermosa e íntima. Dios te ama. Dios se preocupa por ti. Dios nos ofrece una relación íntima con él y un propósito para vivir en este mundo.

No solo hemos sido creados para tener una relación con Dios sino que también hemos sido creados para relacionarnos con otras personas.

Leer Génesis 2:18-25

- ¿Cómo intentó Dios encontrar un ayudante para Adán en los versículos 19-20?

- Cuando eso no funcionó, ¿cómo encontró Dios un ayudante para Adán en el versículo 21?

- ¿Según los versículos 23-25 cuáles son las características distintivas de esta relación humana ideal?

Casi podemos escuchar las llantas de un auto rechinando en el pavimento y deteniéndose en el versículo 18. Hasta ahora, Dios había mirado todo lo que había hecho y "vio que era bueno". El versículo 18 es la primera vez que Dios declara que algo "no es bueno". ¿Qué pasó?

Todo estaba bien, ¿y ahora de repente no lo está? Adán está rodeado por la belleza del Edén: ríos, plantas y árboles. También está rodeado de animales, ¡que también son buenos! Pero esos animales no le ofrecen compañía ni asociación a Adán. Lo que significa que Adán está "solo". Y no es bueno que Adán esté solo. Así que Dios crea una contraparte para Adán.

Cuando Adán la ve, dice: "Ésta sí es hueso de mis huesos" (Génesis 2:23). Incluso en la belleza del Edén, Adán sabía que faltaba algo. Si bien este pasaje se usa a menudo para hablar sobre el matrimonio, vale la pena repetir el mensaje más importante aquí: *no es bueno estar solo*. Hemos sido creados para estar en relación unos con otros.

Cuando decimos que los seres humanos están hechos a la imagen de Dios, un aspecto significativo de esa realidad es nuestra capacidad relacional: los seres humanos están diseñados para tener una relación con Dios y para relacionarnos con los demás. Mañana pensaremos más en cómo el pecado ha afectado esas relaciones, pero por ahora echemos un vistazo a una conversación que Jesús tuvo con un líder religioso sobre esas relaciones.

Leer Mateo 22:34-40

Tú estás familiarizada con los Diez Mandamientos, y es posible que también sepas que Dios ofreció más instrucciones para sus seguidores en el Antiguo Testamento. Pero es posible que no sepas que los fariseos, un grupo de líderes religiosos durante la época de Jesús, agregaron varias de sus propias reglas (sobre la comida, el sabbat, la limpieza, etc.) para ser considerados los más fieles a Dios. Y cuando todo se sumó, dio como resultado una lista de más de seiscientas leyes.

- De todas las leyes (prescripciones, mandamientos, reglas y pautas), ¿cuál identifica Jesús como la más importante?

En Génesis aprendemos que fuimos hechos para relacionarnos con Dios y con los demás. Y la respuesta de Jesús al líder religioso nos recuerda qué debe marcar esas relaciones: el amor.

ORAR

Al terminar tu tiempo de hoy en oración, considera orar estas palabras del salmista:

> Cuando contemplo tus cielos,
>   obra de tus dedos,
>   la luna y las estrellas que allí fijaste,
> me pregunto:
>   «¿Qué es el hombre para que en él pienses?
>   ¿Qué es el hijo del hombre para que lo tomes en cuenta?».
>
> Lo hiciste poco menor que los ángeles
>   y lo coronaste de gloria y de honra.
> Le diste dominio sobre la obra de tus manos;
>   todo lo pusiste bajo sus pies:
> todas las ovejas, todos los bueyes,
>   todos los animales del campo,
> las aves del cielo,
>   los peces del mar
>   y todo lo que surca los senderos del mar.
>
> Oh Señor, Soberano nuestro,
>   ¡qué imponente es tu nombre en toda la tierra!
>   (Salmo 8:3-9)

Dios nos conoce y Dios se nos da a conocer. Esa es una verdad notable que vale la pena contemplar.

DÍA 2

LEER & REFLEXIONAR

Leer Génesis 3:1-7

- ¿Qué tres personajes están presentes en esta conversación?

- ¿Qué palabra usarías para describir el comportamiento de cada personaje?

- ¿Cómo reaccionaron Adán y Eva después de comer el fruto?

En estos versículos, Satanás planta una semilla de duda en las mentes de Adán y Eva: duda sobre el carácter de Dios. La duda es algo con el que todos hemos luchado. Tenemos un enemigo que sigue tratando de plantar esas semillas.

La duda no tiene por qué llevar al pecado. Desafortunadamente para Adán y Eva, así fue. Las semillas de la duda los llevaron a creer que podían vivir independientemente de Dios. Empezaron a pensar que Dios no quería lo mejor para ellos y que ellos sabían mejor que Dios lo que les convenía.

Satanás también los engañó haciéndoles creer que el pecado no tendría consecuencias y que ellos podían tomar el lugar de Dios. Eva y Adán renunciaron a su relación íntima con Dios y la una con el otro.

Aunque todavía no han sido exiliados del jardín, experimentan algunas de las características del desierto casi de inmediato. Es posible que recuerdes de la introducción que el desierto puede ser una temporada de soledad, aislamiento o desconexión de los demás. Conscientes de que están desnudos, y avergonzados, Adán y Eva se cubren con hojas de higuera y se esconden de Dios. Este patrón es uno con el que la mayoría de nosotros estamos muy familiarizados.

Soy mamá de dos hijos. No soy una madre perfecta de ninguna manera, pero trato de mostrarles a mis hijos amor y gracia. Siempre les he dicho que si hacen algo mal, deben acudir a mí y les ayudaré a navegar cualquier circunstancia difícil en la que se encuentren.

Por supuesto, mis hijos tampoco son perfectos. Se han metido en algunos problemas difíciles. Una vez pillaron a mi hijo haciendo algo que no debería haber hecho, y luego tuvo la audacia de mentir al respecto. No, no robó un banco ni nada por el estilo, apenas acababa de empezar la escuela secundaria, pero aun así me entristeció su elección. Se escondió de mí y trató de hablar para salir de allí. Señaló con el dedo y trató de culpar a los demás. Me sentí increíblemente frustrada por sus acciones. ¿Por qué se escondió? ¿Por qué no podía decírmelo? ¿No creía que yo lo amaba y quería lo mejor para él?

Mientras lamentaba las acciones de mi hijo con una amiga, ella me recordó a Adán y Eva. Fueron amados por Dios perfecta e incondicionalmente y sin embargo, también eligieron esconderse. ¿Cuánto más se ocultaría mi hijo de mí, una madre muy imperfecta? Comencé a sentir compasión por mi hijo, que estaba luchando con la vergüenza y el miedo.

- ¿Cuándo es más probable que experimentes vergüenza? ¿Cómo te coses hojas de higuera, te cubres o te escondes?

Afortunadamente, Dios no quiere dejarnos en el desierto de la vergüenza. Mañana aprenderemos sobre el plan de Dios para cuidar de Adán y Eva. Hoy, vamos a ver su plan para nosotros.

Leer Romanos 5:8

- Según este versículo, ¿qué dos cosas condujeron a la muerte de Cristo?

No tenemos que creer en la mentira de que cuando nos equivocamos, Dios ya no está interesado en una relación con nosotros. No necesitamos cuidarla, y hacernos buenos antes de que Dios nos vea, nos conozca o nos quiera. Así no es como Dios hace las cosas.

Romanos 8 nos recuerda que Jesucristo murió por los pecadores. Dios nos amó incluso en nuestro pecado. No necesitamos coser hojas de higuera; Dios tiene algo mejor para nosotros. Él provee a Jesús como un sacrificio por nuestro pecado.

Hemos sido declarados justos, lo que significa que somos hechos buenos y santos, apartados. Cuando Dios nos mira, ve a Jesús. A medida que seguimos leyendo en Romanos, aprendemos que hemos recibido la reconciliación. Eso significa que nuestra relación con Dios ha sido restaurada, tal como él pretendía: ya no somos pecadores sino santos.

En mi iglesia visualizamos la cruz mientras pensamos en la reconciliación y la relación. A través de la reconciliación con Dios (imagínate el madero vertical de la cruz para esto), se nos da un camino hacia la reconciliación con los demás (piensa en el madero horizontal). Aun así, hoy en día nuestras relaciones todavía experimentan la carga del pecado.

ORAR

Termina tu estudio hoy escribiendo una oración. En esta oración, agradécele a Dios por la reconciliación que puedes experimentar a través de Jesús. Enfoca tu atención no en tu propio pecado sino en la grandeza de quien es Dios. Mira el Salmo 32 en busca de inspiración.

DÍA 3

Cuando crecía, no tenía una buena comprensión de los conceptos de la gracia y la misericordia. A mis ojos, el mundo era blanco y negro, y cuando te equivocabas, la decepción y la vergüenza seguramente seguirían. La gracia, sin embargo, es recibir algo bueno que no mereces, y la misericordia es no recibir el castigo que sí merecemos.

La historia de Adán y Eva siendo expulsados del jardín entristeció mi corazón. Por un lado, sacudí la cabeza y dije: "Sí, se lo merecían". Por otro lado, me sentí mal por Adán y Eva y me preguntaba por qué Dios no les dio otra oportunidad antes de enviarlos al desierto. ¿Dónde estaba la gracia y la misericordia de Dios para Adán y Eva?

LEER & REFLEXIONAR

Leer Génesis 3:8-24

- ¿Cuál es la respuesta de Dios a la clandestinidad de Adán y Eva (versículos 8-9)?

- ¿Qué consecuencias les da Dios a la serpiente, a Eva y a Adán (versículos 14-19)?

- ¿Por qué creen que Dios hizo ropa para Adán y Eva?

Dios podría, por supuesto, haber aniquilado a Adán y Eva y haber comenzado de nuevo. Tal vez los próximos humanos serían más confiados y obedientes. En cambio, en su misericordia, les permite vivir y continuar en relación con él, incluso si esa relación será mucho menos íntima en el futuro.

Luego está la increíble gracia de las pieles de los animales para cubrirse, un regalo que no merecían. Cuando se les abrieron los ojos a Adán y Eva, inmediatamente tomaron hojas de higuera para tapar su desnudez. En su bondad, Dios les ofreció mejores cubiertas que no se desintegrarían, cubiertas que protegerían su piel de los espinos y cardos del desierto en el que estaban a punto de entrar.

Sin embargo, estas cubiertas requerirían que Dios sacrificara a sus amados animales. A partir de ese momento, a lo largo del Antiguo Testamento vemos que el sistema de sacrificio de animales se desarrolló como un medio para cubrir el pecado. Finalmente, en los Evangelios, vemos a Jesús como el sacrificio final.

- ¿Qué opinas de las consecuencias que recibieron Adán y Eva? ¿Te parecen justas? ¿Misericordiosas?

- ¿Qué cubiertas de piel de animales ha provisto Dios cuando te sentiste avergonzado y quisiste esconderte?

En Levítico 23:26-32 Dios estableció el Día de la Expiación (Día del Perdón). En este día, Israel se alejaba colectivamente del pecado y se acercaba al arrepentimiento. Ocurría un pago simbólico por el pecado colectivo de Israel, y como resultado, se llevaba a cabo la purificación. Esto permitía que la presencia de Dios permaneciera con el pueblo de Dios a la vez que se mantuviera su justicia divina. Dios llamó a su pueblo a la santidad, y él fue lo suficientemente bueno como para proporcionar un camino hacia esa santidad.

Pero este ritual, y todos los demás sacrificios que la gente necesitaba hacer para expiar sus pecados, eran solo una sombra de lo que iba a venir.

Leer Hebreos 10:1-10

- ¿Por qué eran insuficientes los sacrificios de animales, sacrificios requeridos por la ley?

Jesús es el último y eterno Día de la Expiación. Esta es la gran misericordia que recibimos en el desierto. No tenemos que arreglarnos a nosotros mismos ni poner nuestras vidas en orden. No tenemos que ofrecer sacrificios continuamente para ser purificados. El perdón ya es nuestro. Parte de crecer espiritualmente fuertes es reconocer el pecado por el desierto que es, arrepentirse de ese pecado y caminar en la libertad que hemos recibido en Cristo.

ORAR

Al terminar nuestro tiempo juntos hoy, considera orar estas palabras del salmista:

Alaba, alma mía, al Señor;
  alabe todo mi ser su santo nombre.
Alaba, alma mía, al Señor
  y no olvides ninguno de sus beneficios.

Él perdona todos tus pecados
  y sana todas tus dolencias;
él rescata tu vida del sepulcro
  y te corona de gran amor y misericordia;
él te colma de bienes
  y tu juventud se renueva como el águila.

El Señor hace justicia
  y defiende a todos los oprimidos.
Dio a conocer sus caminos a Moisés;
  reveló sus obras al pueblo de Israel.
El Señor es compasivo y misericordioso,
  lento para la ira y grande en amor.
No sostiene para siempre su querella
  ni guarda rencor eternamente.
No nos trata conforme a nuestros pecados
  ni nos paga según nuestras iniquidades.
(Salmo 103:1-10)

DÍA 4

Leemos al final de Génesis 3 que después de que Dios expulsó a Adán y Eva del jardín, colocó querubines en la entrada para evitar que regresaran. Si bien eso puede parecer cruel en primera lectura, piensa en lo que habría sucedido si no lo hubiera hecho: Adán y Eva podrían haber comido del árbol de la vida y haber vivido en su estado de desgracia para siempre. En cambio, misericordiosamente, Dios los envió al desierto, donde un día ya no estarían sujetos al mundo duro, a las relaciones humanas rotas y a la relación rota con Dios.

Hoy vamos a ver el desierto en el que todos vivimos. Y veremos la increíble gracia de Dios para nosotros, incluso cuando las cosas están muy, muy mal.

LEER & REFLEXIONAR

Leer Génesis 4:1-10

- A lo largo de este pasaje, ¿dónde vemos evidencia de que Dios está obrando?

- ¿Cómo se relacionan los humanos con Dios aquí?

Con la ayuda del Señor, Eva da a luz a dos hijos. El nacimiento de los niños suele ser una ocasión alegre. Como madre de dos, siempre he soñado con que mis hijos sean mejores amigos y que se amen en los altibajos de la vida. Me pregunto si Eva tenía esos mismos deseos.

En Génesis 4:3-4, Caín y Abel presentan sus ofrendas al Señor. Dios tiene en cuenta la ofrenda de Abel, pero no la de Caín. El texto no es explícito sobre por qué es así, pero podemos ver pistas en las Escrituras. Se nos dice que Abel entrega al "primogénito" de su rebaño, mientras que Caín da "algo" del fruto de la tierra. Podría ser la actitud con la que Caín presenta su ofrenda lo que hace que Dios no la tenga en cuenta.

Más evidencia de la mala actitud de Caín se muestra en el versículo 5: Caín se enfureció.

- ¿Cuál es tu respuesta cuando te confrontan por tu pecado?

La respuesta de Caín, ponerse a la defensiva y enojarse, es identificable, ¿no es así? Al igual que la duda, la ira no es necesariamente un pecado; es lo que haces con ella. Dios le dice a Caín: "Si hicieras lo bueno, podrías andar con la frente en alto. Pero si haces lo malo, el pecado está a la puerta para dominarte. No obstante, tú puedes dominarlo" (Génesis 4:7). Caín tiene una opción aquí, así como Adán y Eva tuvieron una opción. Al igual que Adán, Caín puede elegir adorar y obedecer a Dios o vivir independientemente de Dios y de lo mejor de Dios. Las emociones ensimismadas de Caín se manifiestan como asesinato cuando lleva a su hermano a un campo y lo mata.

Aquí se nos presenta el ciclo del pecado. Una y otra vez en el Antiguo Testamento vemos que este ciclo continúa. Cuando era una cristiana nueva, empecé a salir con un joven. Éramos ingenuos e inmaduros a la vez. Desafortunadamente, caímos en patrones poco saludables. No solo estábamos incurriendo en pecado sexual sino que también teníamos conflictos que terminaban en peleas a gritos y, en algunas ocasiones, en violencia física. Fue horrible. Sabía que no era lo mejor de Dios para mi vida, pero me sentía estancada.

Me tomó mucho tiempo, pero finalmente Dios me reveló que no estaba encadenada al pecado.

- ¿Alguna vez te has sentido como si estuvieras atrapada en un ciclo de pecado? ¿Hay algún pecado en particular que parece que no puedes "dominar"?

Leer Génesis 4:11-16

- ¿Cómo le muestra Dios misericordia a Caín incluso en medio de su juicio?

Dios estuvo presente con la familia de Adán y Eva en el desierto, misericordiosamente permitiéndoles cumplir, al menos en parte, su propósito como aquellos que poblarían y administrarían la tierra. Y él estaba allí para protegerlos de algunas de las peores consecuencias de su pecado. Eventualmente, a través de Jesús, Dios le ofreció a la humanidad una salida completa y permanente del desierto en el que nos encontramos como resultado del pecado.

Leer Romanos 6:1-11

Llena la tabla a continuación con todo lo que este pasaje dice acerca de nuestras viejas vidas versus nuestras nuevas vidas en Cristo.

VIEJA VIDA	NUEVA VIDA

Puesto que hemos sido resucitados con Jesús a una nueva vida, ya no tenemos que permitir que el pecado nos gobierne. El ciclo del pecado ha sido roto por el sacrificio que Jesús hizo en la cruz. Ya no somos esclavos del pecado. Por supuesto, todavía vivimos en un mundo roto, y esto es un proceso. Aunque hemos sido liberados de la pena del pecado, todavía estamos siendo liberados del poder del pecado, y un día seremos liberados de la presencia del pecado. A medida que desarrollemos fortaleza espiritual, seremos capaces de decir no al pecado más fácilmente y seremos más rápidos para arrepentirnos si pecamos.

¡Pregúntale a mi esposo! Al principio de nuestro matrimonio, nuestras peleas eran épicas. Sin embargo, a medida que ha pasado el tiempo y nos hemos desarrollado en nuestra fe, somos más rápidos para unirnos después de un desacuerdo, más rápidos para mostrar gracia, más rápidos para encontrar un compromiso. No es que nunca discutamos; es que la mayoría de las veces, luchamos el uno por la otra en lugar de el uno contra la otra.

Así pasa con el pecado. Todavía podemos luchar, pero Jesús ha ganado la victoria sobre el pecado. Y un día el pecado será completamente vencido.

ORAR

Al terminar tu tiempo de estudio hoy, ora la siguiente oración como un recordatorio de tu libertad del pecado:

Dios, gracias por la libertad que me has dado del poder del pecado en mi vida. Cuando me encuentre atrapado en el ciclo de pecado, recuérdame la nueva vida que tengo en Cristo. Estoy muerto al pecado y vivo en Cristo. En el nombre de Jesús, amén.

DÍA 5

DÍA DE REFLEXIÓN

Escribir en tu diario

Estamos a punto de cumplir una semana más juntos y quiero invitarte a que tomes un respiro. Me gusta terminar la semana de manera agradable y fácil, acurrucada con una taza de café caliente y mi manta favorita. También tengo un diario especial en el que me gusta escribir. Me encanta escribir en un diario y tengo cajas de cuadernos viejos llenos de mis pensamientos y oraciones (y sinceramente, ¡espero que nadie los lea nunca!). Escribir en un diario me ayuda a procesar y hablar con Dios de una manera más enfocada. Y es bueno tener algo al que puedo mirar hacia atrás para recordarme cómo Dios me ha encontrado en el pasado.

En este día de descanso y reflexión, quiero llevarlos a Lucas 15:11-32. Este es uno de mis capítulos favoritos de la Biblia, uno que he leído una y otra vez. Cada vez que leo la parábola del hijo pródigo me llena de esperanza.

Leer Lucas 15:11-32

En esta querida historia, un hombre tiene dos hijos. El hijo menor pide su herencia y se va. Despilfarra su dinero y se ve reducido a trabajar en una granja de cerdos, sin duda una línea de trabajo indigna para una persona judía. Cuando el joven reconoce su error, decide regresar a la casa de su padre desde el lejano país donde ha estado vagando en su propio desierto. Planea un discurso de arrepentimiento y lo practica antes de regresar. Desde la distancia, el padre ve a su hijo y se llena de alegría. El padre se pone en pie de un salto y corre hacia el hijo que creía perdido para siempre. Vemos aquí la iniciativa divina de buscar e invitar a los pecadores hacia el arrepentimiento.

Antes de que el hijo pueda pronunciar su discurso, el padre convoca una celebración: "Porque este hijo mío estaba muerto, pero ahora ha vuelto a la vida; se había perdido, pero ha sido hallado" (Lucas 15:24).

La salvación no se trata de ir de "malo" a "bueno". La salvación es pasar de la muerte a la vida. En la parábola, el estado del hijo se restaura por completo. Lo mismo es cierto para nosotros. Ahora somos hijos de Dios, plenamente vivos en Cristo Jesús y fortalecidos por el Espíritu para vivir una vida de santidad.

Hoy los invito a reflexionar sobre Lucas 15 y la historia del hijo pródigo en particular. Tómate unos minutos para escribir en tu diario lo que este pasaje significa para ti. Mientras lo haces, pídele a Dios que escudriñe tu corazón y arrepiéntete de cualquier pecado al que te estés aferrando. El desierto del pecado no tiene por qué estar lleno de desesperación. Tenemos esperanza de arrepentimiento y restauración porque Dios se encuentra con nosotros allí.

Si lo deseas, selecciona una de las siguientes preguntas para inspirarte a escribir:

- ¿Cómo es que cada uno de los hijos se ha encontrado, a su manera, en el desierto, separado del amor del Padre?

- ¿Con qué personaje de esta parábola te identificas más? ¿Por qué?

- ¿De qué maneras te has desviado de Dios y cómo te llama él a casa?

- Reflexiona sobre el perdón de Dios en tu vida.

- Escribe sobre un momento en el que fuiste capaz de perdonar a alguien y cómo cambió tu relación con esa persona.

SEMANA 4

EL DESIERTO DE LA DISTRACCIÓN

Sesión grupal

La distracción es uno de los principales problemas de nuestro mundo actual. Parece que, a nuestro alrededor, diferentes voces están llamando nuestra atención. Esta semana aprenderemos cómo bajar el ruido de la vida y subir el volumen de la voz de Dios. Cuando se nos presentan distracciones, podemos mantenernos enfocados en Jesús.

VIDEO

Mira el video de esta semana.

ACTIVIDAD DE APERTURA

En el video de esta semana describo cómo mi esposo se distrae. Si alguien te estuviera observando durante un día, ¿cómo describirías las formas en que te distraes? Elige una de las siguientes indicaciones para completar. Luego, tómate un minuto para compartir tu respuesta con el grupo.

1. Al salir de casa para comprar artículos de última hora en el supermercado, yo...

2. Cuando abro mi computadora para escribir un correo electrónico importante, yo...

3. Cuando me siento a leer mi Biblia (o a orar), yo...

REFLEXIONAR

Al comenzar el libro de Éxodo, vemos a Dios iniciando un plan audaz para rescatar a su pueblo, los israelitas, de la esclavitud en Egipto. Los israelitas gemían a causa de la opresión, y Éxodo 2:23-24 dice: "Sus gritos desesperados llegaron a oídos de Dios, quien al oír sus quejidos se acordó del pacto que había hecho con Abraham, Isaac y Jacob. Fue así como Dios se fijó en los israelitas y los tomó en cuenta". Dios se dio cuenta del sufrimiento de su pueblo.

Cuando las Escrituras dicen que Dios "recordó" la promesa que le hizo a Abraham, de hacerlo padre de muchas naciones y de traer al Mesías a través de los israelitas, esto no significa que Dios lo hubiera olvidado. "Dios se acordó..." es una frase utilizada a lo largo de la Biblia como un recurso literario para asegurar al lector que Dios está cumpliendo su promesa.

Dios escuchó y recordó a los israelitas y los ayudó a escapar de la esclavitud. Pero entonces, justo cuando estaban a punto de dirigirse a la Tierra Prometida, se encontraron en el desierto con un mar a un lado y los egipcios asesinos al otro. Como dicen mis hijos: "Las matemáticas no están matematizando!" (¡las cuentas no cuadran!).

Leer Éxodo 14:10-14.

4. Mientras los israelitas están a orillas del Mar Rojo, ¿en qué se enfocan?

5. ¿Qué sentimientos experimentan?

6. ¿En qué los invita Moisés a centrarse?

7. ¿De qué manera eso afectaría a sus sentimientos?

Sí, Dios es fiel en cumplir sus promesas. Pero puede parecer casi imposible creer eso cuando estamos siendo atacados. En cambio, estamos distraídos por nuestros enemigos. Apartamos nuestros ojos de Dios y nos olvidamos de la fidelidad de Dios. Sin embargo, mientras nosotros nos distraemos, Dios nunca lo hace. Y usa a Moisés para recordarle al pueblo esta importante verdad:

El Señor peleará por ti.

Y luego usa a Moisés para dividir el mar.

Leer *Éxodo 15:1-20*.

8. ¿Cuál es la respuesta de los israelitas después de que Dios los ha liberado?

9. ¿Qué adjetivos y verbos usan los israelitas para describir a Dios?

10. Piensa en un momento en el que experimentaste un momento de adoración después de una experiencia intensa que requirió que confiaras en Dios.

11. ¿Cómo afectó esa experiencia tu relación con Dios?

ORAR

Tómate cinco minutos para escribir una breve oración de acción de gracias inspirada en la canción de Moisés y Miriam:

- Cantad al Señor, porque él es exaltado. (Completa lo que Dios ha hecho por ti.)

- En la grandeza de su majestad, tú... (Completa cómo Dios ha venido a tu rescate.)

- ¿Quién es como tú? (Describa a Dios.)

- El Señor reina por los siglos de los siglos.

Cuando todos hayan terminado, permitan que los voluntarios lean su canción en voz alta. Si el tiempo lo permite, compartan unos con otros cualquier petición de oración y tráiganla a nuestro Dios fiel y confiable en oración.

DÍA 1

¿Te gustan los viajes por carretera? La verdad es que a mí no. ¡Eso es porque me gustaría llegar del punto A al punto B lo más rápido posible! Vivimos en Carolina del Sur, pero nuestras familias están en Miami. Cada vez que planeamos un viaje para visitar nuestra querida ciudad natal, le ruego a mi esposo que ponga el dinero para los boletos de avión. La alternativa son doce horas en un coche lleno de maletas y dos niños discutiendo. ¡No, gracias! ¡Solo súbeme a un avión y llévame a mi destino lo más rápido posible!

Los israelitas no eran diferentes. Tan pronto como Dios los rescató milagrosamente de Egipto, los israelitas se distrajeron con sus dificultades.

LEER & REFLEXIONAR

Leer Éxodo 16:1-4

- ¿Qué distrajo a los israelitas?

- ¿Cómo afectó eso a su estado de ánimo? ¿Su fe? ¿Su comportamiento?

Hay eruditos que creen que el viaje desde Egipto, donde los israelitas fueron liberados, a la Tierra Prometida podría haber tomado días, semanas, tal vez un mes más o menos. Pero debido a que seguían distrayéndose de la fidelidad de Dios, una y otra vez, vagaron por ese desierto durante cuarenta años antes de que Dios sintiera que estaban listos para entrar en su nuevo hogar.

Queremos llegar a nuestro destino lo más rápido posible, pero a Dios lo que le importa es el viaje. Por supuesto, también se preocupa por el destino. Dios tiene un plan y un propósito para tu vida, pero se preocupa más por conformarte a la imagen de Jesús. Esta es nuestra santificación, nuestro proceso de llegar a ser como Jesús.

En *The Screwtape Letters*[1] de C. S. Lewis, Screwtape, un demonio experimentado, escribe cartas a su sobrino Wormwood, el nuevo demonio de la cuadra que hace todo lo posible para tentar a un humano a no seguir a Jesús. En una de las cartas, Screwtape deja claro que la distracción es una herramienta poderosa para los demonios: "Puedes hacerle perder el tiempo no solo en conversaciones que disfruta con personas que le gustan, sino también en conversaciones con aquellos que no le importan nada, en temas que lo aburren. Puedes hacer que no haga nada en absoluto durante largos períodos. Puedes mantenerlo despierto hasta altas horas de la noche, no alborotando, sino mirando un fuego muerto en una habitación fría".

- ¿De qué manera Satanás ha usado la distracción como una tentación para evitar que sigas a Jesús?

---

[1] *Cartas del Diablo a su Sobrino*. Screwtape = Escrutopo. Wormwood = Orugario.

- ¿Cuál fue la distracción? ¿Cómo encontraste el camino de regreso? ¿Todavía estás tratando de encontrar el camino de regreso?

He aquí la verdad ineludible y a veces enloquecedora: el desierto es un lugar donde Dios nos transforma. Parte de esa transformación es enseñarnos a resistir las tentaciones que nos distraen y nos alejan de Dios.

ORAR

Según completes tu tiempo de estudio hoy, ora por la distracción que te mantiene lejos de Jesús y pídele a Dios que te ayude a reconocer la distracción cuando ocurre y a resistirla.

DÍA 2

Después de que Dios saca a los israelitas de Egipto y los lleva a través del Mar Rojo, los establece en su vida en el desierto. Allí comienza a convertirlos en una gran nación con leyes, costumbres y festivales. Él establece su reino de sacerdotes y su nación santa (Éxodo 19:6).

Los israelitas han estado adorando a Dios en el Monte Sinaí, y ahora es el momento de continuar el viaje. Números 10:33-36 describe la presencia de Dios guiando a los israelitas en el desierto:

> Los israelitas partieron de la montaña del Señor y anduvieron por espacio de tres días, durante los cuales el arca del pacto del Señor marchaba al frente de ellos para buscarles un lugar donde acampar. Cuando partían, la nube del Señor permanecía sobre ellos todo el día.

Cada vez que el arca se ponía en marcha, Moisés decía:

«¡Levántate, Señor!
Sean dispersados tus enemigos;
huyan de tu presencia los que te odian».

Pero cada vez que el arca se detenía, Moisés decía:

«¡Regresa, Señor,
a la incontable muchedumbre de Israel!».

Pero entonces algo cambia. A pesar de que los israelitas presenciaron las diez plagas, la separación del Mar Rojo, el rostro resplandeciente de Moisés después de encontrarse con Dios en el Monte Sinaí y Moisés bajándose de la montaña llevando la ley de Dios, esos recuerdos se desvanecieron cuando las cosas se pusieron difíciles. Una y otra vez, el Señor declaró que no tenían fe. ¡Ay!

Una y otra vez, Israel se distrae, olvida la fidelidad de Dios y se rebela abiertamente contra él. Dos de esas ocasiones en Números son grandes ejemplos del problema.

LEER & REFLEXIONAR

Leer Números 11:1-20 y 12:1-15

Para cada relato, responde a las siguientes preguntas:

- ¿Qué distraía a las personas de Dios y de sus propósitos?

- ¿Qué consecuencias negativas dio Dios a las personas?

- ¿Cómo proveyó Dios para el pueblo?

Puede ser desalentador leer acerca de cada una de las veces que el pueblo se quejó contra Dios y se rebeló contra Moisés. Sin embargo, a pesar de su infidelidad, Dios se muestra fiel. Incluso sus consecuencias son un signo de su fidelidad, usándolas para moldear a los israelitas en un pueblo listo para entrar en la Tierra Prometida.

Estas historias me recuerdan a una frase que escuché una vez del ex presidente de Wheaton College, V. Raymond Edman: "Nunca dudes en la oscuridad de lo que Dios te dijo en la luz". Los israelitas cuestionaron a Dios, si iba a cumplir su promesa, si Moisés era el hombre adecuado para el trabajo.

Pero ¿por qué no tenemos que cuestionar a Dios? Una vez más, volvemos a la verdad de quien es Dios: el carácter de Dios. Podemos mirar a las Escrituras para ver esto. Vamos juntos a escarbar los Salmos.

En cada uno de los versículos a continuación, marca con un círculo o subraya las palabras que describen las características de Dios:

Pero tú, Señor, eres Dios compasivo y misericordioso,
lento para la ira y grande en amor y fidelidad.
(Salmo 86:15)

El Señor es misericordioso y justo;
nuestro Dios es compasivo.
(Salmo 116:5)

Dios es nuestro refugio y nuestra fortaleza,
nuestra segura ayuda en momentos de angustia.
(Salmo 46:1)

Padre de huérfanos y defensor de viudas
es Dios en su morada santa.

Dios da un hogar a los desamparados
y dicha a los cautivos que libera;
pero los rebeldes habitarán en el desierto.
(Salmo 68:5-6)

- Con las descripciones de Dios que has identificado en esos versículos, piensa en esto: ¿Cómo has visto a Dios aparecer en tu vida de esa manera?

En muchos sentidos, las historias que leemos en Números nos muestran cómo también es probable que olvidemos el carácter de Dios. Estas historias ponen de manifiesto lo voluble que puede ser el corazón humano. Para que no lleguemos a tener los egos elevados y poderosos, ¿cuántas veces nos hemos encontrado sin fe?

Afortunadamente, el punto de la historia de las Escrituras no es cuán grandes son los israelitas ni cuán grandes somos nosotros, sino como Dios es fiel para cumplir su promesa del pacto con Abraham, de traer a todas las naciones a su familia. El cumplimiento de la promesa de Dios no depende de nuestra fidelidad sino de la suya.

ORAR

Al terminar tu tiempo de hoy en oración, considera orar estas palabras del salmista:

> Bendito sea el Señor, nuestro Dios y Salvador,
> que día tras día sobrelleva nuestras cargas. *Selah*
> Nuestro Dios es un Dios que salva;
> el SEÑOR Soberano nos libra de la muerte.
> (Salmo 68:19-20)

DÍA 3

En el libro de Números, vemos todas las dificultades por las que pasan los israelitas, ¡y son dificultades legítimas! Puede que ya no estén esclavizados, pero están dando vueltas por un desierto con poca comida y agua, sin saber cuándo llegarán a su destino. Y luego, justo cuando están a punto de entrar en la Tierra Prometida, se enteran de que hay enemigos poderosos en la tierra que tratarán de impedirles entrar.

LEER & REFLEXIONAR

Leer Números 13:26-33

- ¿Cómo se distraen los israelitas de las promesas de Dios?

■ ¿Qué les dijo Josué para tratar de hacer que se centraran en la fidelidad de Dios?

■ ¿Qué dice Dios para ayudar a los israelitas a concentrarse en su fidelidad?

Tal vez nunca has vagado por el desierto, pero es probable que todos podamos relacionarnos con sentirnos atrapados en una tierra estéril, enfrentando lo que parecen probabilidades insuperables.

Me sentí así durante una etapa de la vida en la que estaba buscando trabajo. Había caído en el trabajo de ama de casa por accidente. Nos habíamos mudado a una nueva ciudad justo cuando me enteré de que estaba embarazada y bueno, desafortunadamente, la mayoría de las empresas no estaban interesadas en contratar a una mujer embarazada. Nos mudamos de nuevo durante mi segundo embarazo y en ese momento parecía más fácil quedarme en casa con mis bebés que trabajar fuera de casa.

¡Después de un tiempo, las finanzas estaban apretadas! Sabía que necesitaba encontrar un trabajo para poder contribuir económicamente, pero todo lo que escuchaba eran rechazos o silencio. Me sentí al final de mi cuerda preguntándome por qué Dios nos había olvidado a mí y a mi familia. Trabajé en muchos trabajos esporádicos sin aparentemente ninguna dirección y sin perspectivas de crecimiento. La deuda creció y mi esposo y yo sentimos desesperación. ¿Cómo íbamos a salir de esto? ¿Cómo proveeríamos para nuestra joven familia?

Jesús dijo: "En este mundo tendréis problemas". ¡Suena sombrío! Pero leamos el versículo completo: "Yo les he dicho estas cosas para que en mí hallen paz. En este mundo afrontarán aflicciones, pero ¡anímense! Yo he vencido al mundo" (Juan 16:33).

- ¿Qué razón da Jesús para que tengamos paz en medio de los problemas?

- ¿Alguna vez has experimentado paz en tiempos de dificultad? ¿Cómo fue eso?

A veces, cuando pasamos por momentos difíciles, nuestras circunstancias pueden distraernos de quien es Dios y de lo que Dios ha prometido. En su propio tiempo de angustia, los israelitas eligieron murmurar. Afortunadamente para ellos (¡y para nosotros!), nuestro Dios no cambia por nuestros pensamientos, sentimientos o comportamientos. Él es fiel, incluso cuando nosotros somos infieles (2 Timoteo 2:13).

Admito que no tenía mucha fe en la temporada que describí anteriormente. Me sentía enojada y abandonada. Quité mis ojos de Jesús y los puse directamente en nuestra pila de facturas y en mi título de seminario sin usar, acumulando polvo en un armario. Pero poco a poco, Dios comenzó a mostrarse fiel. Su provisión no siempre se veía como yo quería que se viera (finalmente encontré un trabajo a tiempo parcial... como contable en una pequeña empresa de transporte... Y déjenme decirles, esta escritora no hace matemáticas), pero sí proveyó. Recuerdo haber tenido una conversación difícil un día que involucró un no muy duro y que salí sintiéndome en paz porque sabía que no era el final de la historia. Dios tenía más para nuestra familia, aunque yo aún no supiera lo que era. Lo mismo es cierto para ti. Si todavía estás respirando, Dios no ha terminado. Hay más.

ORAR

Padre amoroso, sabemos que siempre estás con nosotros. Aunque se nos promete sufrimiento en este mundo, también se nos promete tu presencia. Cuando somos tentados a refunfuñar, cuando nos distraemos, ayúdanos a aferrarnos a la verdad de que siempre estás con nosotros. Que no anhelemos volver a Egipto, a los grilletes del pecado, sino que sigamos adelante y te elijamos. En el nombre de Jesús, amén.

DÍA 4

No puedo evitar creer que la mayor tentación a la que se enfrentaron los israelitas y a la que sucumbieron fue convertirse en el centro de la historia. Es lo que les sucedió a Adán y Eva. Es una tentación que todos sentimos. Queremos situarnos en el centro de la historia con la energía del personaje principal: *nuestro* dolor, *nuestras* heridas, *nuestros* deseos, *nuestros* planes. Pero esta es la historia de Dios. Si bien es cierto que Dios nos ama y nos valora, si bien es cierto que Dios tiene un plan magnífico para nuestras vidas, es Dios quien está en el centro, y somos nosotros los que orbitamos a su alrededor. Él nos creó y nos hizo a su imagen, no al revés.

Así como Dios usó el desierto para transformar a Israel, Dios puede usar el desierto para transformarte en alguien que pueda enfocarse en Dios, en la bondad, la santidad y la fidelidad de Dios.

LEER & REFLEXIONAR

Leer Santiago 1:2-16

- Haz una lista de todo lo que puede distraernos de nuestra fe en Dios. (Pista: casi todos los versículos contienen una posible distracción).

- Haz una lista de todos los beneficios que pueden derivarse de las pruebas y tentaciones si perseveramos.

Satanás puede usar el desierto para distraernos. Pero para aquellos de nosotros que perseveramos, Dios usa el desierto para ayudarnos a crecer espiritualmente fuertes, no como un castigo sino como refinamiento. Como una forma de deshacernos de las distracciones y enfocarnos intensamente en Dios y en la persona en que él nos está formando. Incluso podemos regocijarnos en nuestras aflicciones, porque a través de estas pruebas, maduramos en nuestra fe.

Ahora, no quiero que te vayas del estudio de hoy pensando que no puedes ser honesta acerca de tu dolor. Hebreos 4:16 dice que podemos acercarnos al trono de Dios con confianza para recibir gracia y misericordia. Podemos ser nosotros mismos, completos y honestos ante Dios. Hacemos esto, sin embargo, recordando que Dios es fiel, Dios es sabio, Dios tiene un plan, Dios es esperanza. Caminamos en el desierto expectantes, sabiendo que Dios actuará.

Aun así, perseverar no es fácil. ¿Cómo mantenemos nuestros ojos enfocados en Dios en medio de las pruebas y las tentaciones?

Leer Números 21:6-8

- ¿Por qué prueba estaban pasando los israelitas?

- ¿En qué le dijo Dios a la gente que se enfocaran para ser salvos?

Leer Juan 3:13-15

- ¿Cómo se compara Jesús con la serpiente en la vara de Moisés?

- ¿Qué le dice Jesús a la gente que haga para ser salva?

En medio de una plaga de serpientes venenosas, debe haber sido difícil para los israelitas recordar las promesas de Dios. Pero aquellos que apartaron sus ojos de sí mismos y de las serpientes que los rodeaban para mirar hacia los medios de perdón y gracia de Dios fueron salvos. Jesús hace referencia a esta misma historia cuando les dice a sus oyentes que tendría que morir y ser levantado en la cruz tal como la serpiente había sido levantada en la vara. Para aquellos que conocían la historia de los israelitas en el desierto, y para aquellos que recordarían la comparación de Jesús después de su muerte, Juan 3 es la invitación de Jesús a mantener nuestros ojos en la cruz.

La cruz es uno de los símbolos más distintivos de la fe cristiana. Cuando era niña, mi familia asistía a misa en la iglesia católica de nuestro vecindario. Detrás del altar había un crucifijo. Recuerdo que me preguntaba cómo podía ser un símbolo adorado. ¿Cómo podía ser esto una imagen del amor y la fidelidad de Dios?

Para el mundo, la cruz es una tontería. La crucifixión no era nada que se celebrara en la antigüedad. Ser colgado de una cruz era degradante. Significaba que eras un criminal. Significaba que eras infrahumano, avergonzado y torturado. Significaba que Dios se había olvidado de ti.

Pero el reino de Dios es un reino al revés y la cruz es donde Dios comienza a hacer nuevas todas las cosas. Cuando miramos la cruz, vemos el amor, la esperanza, el gozo y la paz de Dios. Como seguidores de Cristo, podemos ver la cruz como un recordatorio tangible de la promesa cumplida de Dios.

- ¿De qué manera la cruz como símbolo te ha ayudado a perseverar en el desierto sin distraerte? (Si la cruz no ha sido eso para ti, ¿cómo podrías reconsiderar el significado de la cruz?)

- ¿Hay maneras en las que podrías usar una cruz física, en forma de cruz de sujeción o colgante de collar, por ejemplo, para ayudarte a concentrarte en la bondad, el perdón y la fidelidad de Dios?

ORAR

Al terminar tu tiempo de estudio hoy, haz la siguiente oración como recordatorio de la fidelidad de Dios:

Dios, siempre eres fiel. Siempre has demostrado ser fiel. Desde liberar a los israelitas de la esclavitud hasta proporcionar maná en el desierto y dar a tu Hijo, Jesús, para que estemos contigo para siempre. Cuando empiezo a dudar, ayúdame a mirar hacia la cruz y a la tumba vacía como recordatorios de tu fidelidad. En el nombre de Jesús, amén.

DÍA 5

DÍA DE REFLEXIÓN

Oración Centrante

Esperamos que a lo largo de esta semana hayas tenido la oportunidad de reflexionar sobre quién es Dios, su fidelidad y su bondad. Y con suerte, sentirás un empujón para enfocarte en Jesús y en la cruz cuando te distraes con las preocupaciones del mundo.

Cuando no estoy segura de qué leer en la Biblia, recurro a los Salmos. Me encanta la versatilidad de los Salmos. Puedes encontrar salmos para casi cualquier ocasión: cuando estás muy contenta, cuando estás ansiosa, cuando estás afligida, cuando estás agradecida.

El Salmo 106 recuerda la historia de los israelitas en el desierto de forma poética. Es honesto y crudo sobre lo que hicieron los israelitas y las dificultades que soportaron. Pero es aún más honesto acerca de quién es Dios y reconoce la alabanza debida al nombre de Dios. Es un hermoso modelo de fortalecerse espiritualmente al reconocer las dificultades sin dejar que te distraigan de la bondad y la fidelidad de Dios.

Leer el Salmo 106

Después de leer el Salmo, quiero que intentes la oración centrante. Esta es una forma de oración contemplativa cristiana, un método de oración silenciosa que busca eliminar las distracciones externas para que podamos concentrarnos en Jesús y experimentar la presencia de Dios. Algunas personas practican la oración centrada durante veinte minutos, pero si es tu primera vez, te sugiero que elijas una cantidad de tiempo que te parezca razonable.

1. Siéntate cómodamente con los ojos cerrados. Relájate, quédate quieto y sabe que Dios está contigo.
2. Escoge una palabra sagrada en la que enfocarte. Si lo deseas, escoge una palabra del Salmo 106 que acabas de leer. Las palabras sagradas no se usan como mantras, como si las tuvieras que repetir constantemente, sino como un recordatorio de tu intención de permanecer abierto.
3. Cuando te vengan a la mente distracciones, sé amable contigo mismo. Deja la distracción a un lado diciendo la palabra sagrada que elegiste. Piensa en ello como un botón de reinicio.
4. Después de tu tiempo asignado, puedes abrir los ojos, agradecer a Dios por el tiempo que pasaron juntos y seguir con tu día.

No pierdas tiempo preocupándote si "lo hiciste bien". Déjalo ser. Si eliges continuar practicando la oración centrada, se volverá más natural para ti y es posible que puedas extender el tiempo en el que te involucras en este tipo de oración.

SEMANA 5

EL DESIERTO DE LA DESESPERACIÓN

Sesión grupal

Todos nosotros, en un momento u otro, experimentamos desesperación, la sensación de desesperanza que puede venir con los tiempos difíciles. Para algunos de nosotros, esto puede convertirse en depresión u otros problemas de salud mental. Pero incluso si no es así, puede ser difícil navegar por estos sentimientos. Esta semana hablaremos sobre cómo es cuando los sentimientos de desesperación parecen superarnos y cómo Dios se encuentra con nosotros allí.

VIDEO

Mira el video de esta semana.

ACTIVIDAD DE APERTURA

En el video compartí lo difícil que fue para mí identificar y luego decirle a la gente que me sentía deprimida. No soy la única que tiene dificultades para identificar las formas en que estoy luchando. De hecho, la investigadora y autora Brené Brown comparte en *Atlas of the Heart* que los participantes podían identificar de manera confiable solo tres emociones a medida que las experimentaban: felicidad, tristeza e ira. Pero Dios nos hizo experimentar una gama completa de emociones, y es útil practicar nombrarlas. Echa un vistazo a la siguiente lista y encierra en un círculo cuatro o cinco palabras que capturen mejor los momentos en los que te sientes deprimido:

humillado	avergonzado	vulnerable
entumecido	desesperanzado	desconectado
perdido	desesperado	deprimido
alienado	abandonado	decepcionado
exhausto	descorazonado	desanimado
quemado	indefenso	cansado
solitario	atemorizado	miserable

Comparte tus palabras con el grupo. Si lo deseas, tómate un minuto para compartir qué circunstancias tienen más probabilidades de provocar estas emociones.

1. Cuando sientes estas emociones, ¿sientes que puedes hablar con Dios al respecto? ¿Por qué sí o por qué no?

REFLEXIONAR

Leer 1 Reyes 17:1-16.

Elías es originario de Galaad, una región fértil dada a los israelitas como parte de la Tierra Prometida. Después de que Elías profetiza una sequía para el poderoso rey israelita en el versículo 1, Dios lo envía al arroyo de Querit. Querit significa "cortar" o "separar".

2. ¿Cómo describen los versículos 2 al 6 la vida de Elías el profeta en el arroyo de Querit?

3. Comparado con su vida en Galaad, ¿por qué es el arroyo un desierto para Elías? ¿De qué se ha separado?

Cuando el agua se seca, Dios envía a Elías a conocer a una viuda que se encuentra en una situación desesperada.

4. ¿En qué se parece la situación de la viuda a la de Elías?

5. ¿En qué se diferencia su perspectiva sobre su situación de la de Elías?

6. Resume el aliento de Dios a la viuda, hablado a través de Elías, en los versículos 13-14.

7. ¿De qué maneras permite Dios que Elías y la viuda se ministren el uno a la otra en su momento de desesperación?

8. ¿De qué manera Elías y la viuda tuvieron que admitir su vulnerabilidad y necesidad para recibir ayuda?

9. Cuando te sientes desesperada (o estás en una situación desesperada), ¿es más probable que respondas como Elías o la viuda? ¿Cómo?

Tómate un par de minutos para leer el texto en silencio.

10. ¿De qué manera este pasaje te animaría cuando te sientes desesperada?

11. ¿De qué manera este pasaje es un estímulo para ustedes al ministrar a los que están en el desierto de la desesperación?

ORAR

Señor Dios, eres tan bueno por encontrarte con nosotros donde estamos. Tenemos el honor de presentarnos ante ti tal como somos. Podemos ser honestos acerca de nuestras luchas y sabemos que nos amarás en medio de ellas. También eres bueno por darnos personas, una familia, donde podamos animarnos unos a otros y caminar juntos a través de las dificultades de la vida. Cuando sentimos la tentación de volvernos hacia adentro, ayúdanos a acercarnos a través del poder de tu Espíritu. Estamos agradecidos. En el nombre de Jesús, amén.

Si el tiempo lo permite, compartan unos con otros cualquier petición de oración y tráiganla a nuestro Dios fiel y confiable en oración.

DÍA 1

Después de tres años, Elías va a buscar al rey Acab de nuevo. Esta vez Elías se enfrenta a 450 profetas de Baal, a quienes Acab y muchos de los israelitas habían estado adorando. Elías sale victorioso y Jezabel, la esposa de Acab, se enfurece.

LEER & REFLEXIONAR

Leer 1 Reyes 19:1-5

- ¿Por qué Elías termina en el desierto?

- ¿Cómo responde, emocional y conductualmente, a la amenaza de Jezabel?

- ¿En qué se diferencia esa respuesta de su respuesta en el capítulo 17, cuando se quedó sin agua y sin comida?

Mi hijo siempre ha tenido emociones fuertes. Al principio de la maternidad me sentía abrumada, insegura de cómo manejar esas emociones y, a menudo, dejaba que su estado de ánimo dirigiera el mío. A lo largo de los años, he aprendido cómo ayudarlo a navegar por sus emociones, cómo nombrarlas, regularlas y expresarlas sin vergüenza.

Al crecer, había una expectativa en nuestra familia de que yo sería emocionalmente "neutral". Yo también fui una niña con fuertes emociones; a menudo hacía berrinches cuando era pequeña. Pero aprendí que estas muestras de emociones eran inaceptables. Recuerdo que me dijeron que dejara de llorar, que me calmara, que lo cortara.

Pero ¿qué sucede cuando guardamos todo dentro? Nuestros sentimientos a menudo se convierten en ansiedad y depresión, y terminamos derrumbándonos. Eso es lo que me pasaba de vez en cuando durante años.

Así que aprecio la honestidad de Elías en estos versículos. No está tratando de poner una cara valiente. No está tratando de ver el lado positivo. Está solo en el desierto, cansado y agotado. Él se siente derrotado, similar a la viuda en el capítulo 17. Sin embargo, a diferencia de la viuda, Elías lleva su desesperación al Señor. Le cuenta a Dios sobre su dolor y desesperanza.

- Cuando sientes desesperación, ¿es más probable que se lo digas a otra persona o a Dios? ¿Por qué?

- ¿Cómo esperas que respondan?

A veces cuando estamos tristes, recibimos consejos inútiles. A lo largo de los años, me han dicho que salga de eso, que tenga pensamientos felices o que "simplemente me detenga". Pero Dios no nos dice ninguna de esas cosas.

Leer 1 Pedro 5:6-11

- ¿Cómo afirman estos versículos a Elías al clamar: "¡Estoy harto, Señor!"?

- ¿De qué manera esos versículos podrían haber animado a Elías si hubieran estado disponibles cuando él estaba vivo?

- ¿De qué maneras te animan esos versículos?

ORAR

Termina tu tiempo hoy completando la siguiente oración basada en 1 Reyes 19 y 1 Pedro 5.

Señor, mi adversario el diablo merodea como león rugiente, procurando devorar. Ya he tenido suficiente y estoy echando mis preocupaciones sobre ti:

Estoy firme en mi fe, sabiendo que mis hermanos y hermanas de todo el mundo están experimentando el mismo tipo de sufrimiento. Te doy gracias de antemano porque después de haber sufrido un poco de tiempo, tú, que me has llamado a la gloria eterna en Cristo, me restaurarás, confirmarás, fortalecerás y establecerás. A ti sea el poder por los siglos de los siglos. Amén.

DÍA 2

LEER & REFLEXIONAR

Leer 1 Reyes 19:4-9

- Después de que Elías expresa su deseo de morir, ¿cómo restaura Dios su vitalidad?

- ¿Qué debe hacer Elías para cooperar con Dios durante este tiempo?

- ¿Por qué creen que el autor de 1 Reyes incluyó el detalle de que Elías se durmió tres veces distintas en solo cinco versículos?

"Levántate y come, porque te espera un largo viaje" (1 Reyes 19:7). Esa línea es tan tierna. La voz en mi cabeza mientras leo esto es la de un padre amoroso que cuida a su hijo hasta que recupere la salud. Y todo lo que Elías tuvo que hacer en respuesta fue recibir voluntariamente el alimento provisto y descansar.

No tuvo que reunir su energía para seguir adelante. No tenía que demostrar que todavía era fiel. Simplemente tenía que *recibir* y *descansar de buena gana*. Volvamos de nuevo a nuestra definición de fortaleza espiritual: confianza en y alineación con el Espíritu Santo, una resiliencia que se desarrolla cuando confiamos en que Dios hará la obra en nosotros y a través de nosotros. En el desierto de la desesperación, crecer en fortaleza espiritual se manifiesta como recibir alimento y descanso.

Hay algo poderoso en las comidas. Una de las formas de que mi abuelita dice "Te amo" es sirviendo un plato caliente de gallo pinto (frijoles rojos nicaragüenses y arroz) y tortillas. No es lujoso, pero es delicioso y nutritivo. Mi abuelita y yo vivimos juntas desde que tenía nueve años hasta que me casé. Durante esos años viví muchos altibajos. Desde fallar un examen de matemáticas hasta que me rompieran el corazón, graduarme de la escuela secundaria y traer a casa a mi ahora esposo para conocerla por primera vez. Y gallo pinto estaba casi siempre en los fogones. Es un recordatorio reconfortante de su amor.

■ Piensa en tu comida reconfortante favorita. ¿Cuál es la asociación positiva que tienes con ese alimento? ¿Cómo te hace sentir?

Me imagino que esto es lo que sintió Elías cuando vio el pan caliente y la jarra de agua que Dios le había provisto. Es posible que estuviera sorprendido al ver esta comida en medio del desierto pero, de nuevo, tal vez no lo estaba. Después de todo, él sabía que Dios es Jehová-Jireh (o Yahweh-Yireh), el Dios que provee. Todo lo que necesitaba hacer era recibir.

Cuando Elías huía de Dios, Dios corría detrás de Elías. Pero Dios no estaba corriendo detrás de Elías para regañarlo. Dios corrió detrás de Elías para alimentarlo y luego darle tiempo para que descansara un poco más.

Leer Mateo 11:28-30

- ¿Cómo describe Jesús el descanso que provee?

Algunas personas escuchan la palabra *descansar* y dan un suspiro de alivio. Otros escuchan esa palabra e inmediatamente se sienten ansiosos y culpables. *¡No hay tiempo para descansar! ¡Hay demasiado que hacer! ¡No me lo he ganado!*

- ¿Cómo respondes a la invitación de Jesús de darte descanso? ¿Cuál es tu respuesta inmediata?

Cuando la desesperación golpea, es importante ser suaves con nosotros mismos y tomarnos un tiempo para descansar. Es importante reconocer nuestros sentimientos y expresarlos. Es igualmente importante no quedarse en ese lugar.

Como compartí antes, soy una persona introvertida que no tiene problemas con estar sola. Cuando paso por momentos difíciles, tiendo a encerrarme en mí misma. Mi cama es mi mejor amiga y me aisla del mundo. Y puede ser necesario hacerlo por un tiempo, pero también necesito decidir levantarme.

La bondad de Dios permitió que Elías descansara, y esa misma bondad ayudó a Elías a levantarse de nuevo, primero para comer la comida que Dios le ofrecía y luego para volver a comprometerse con su misión como profeta, caminando cuarenta días hasta el monte Horeb.

- ¿Ha habido algún momento en el que Dios haya provisto algo para ti cuando estabas listo para rendirte? ¿Fue en forma de alimento, descanso o estímulo para levantarse? ¿Algo más?

- ¿De qué manera las provisiones de Dios cambiaron las cosas para ti?

ORAR

Tómate unos minutos para terminar tu estudio hoy escribiendo una oración a Dios. Pídele al Espíritu Santo que te guíe para ver la provisión de Dios en tu vida.

DÍA 3

LEER & REFLEXIONAR

Leer 1 Reyes 19:10-12

- ¿Cómo responde Elías cuando se le pregunta por qué está en la cueva?

- Nombra al menos cuatro emociones que escuchas en la respuesta de Elías al Señor en el versículo 10. (Si necesitas ideas, consulta la lista de emociones que se encuentra en el estudio grupal de esta semana).

- ¿Cómo responde el Señor a Elías?

- ¿Por qué crees que Dios se acerca a Elías en un suave susurro?

- ¿Alguna vez has estado tan cansado que ninguna cantidad de sueño pudo restaurarte?

La Dra. Saundra Dalton-Smith es una profesional de la salud mental que habla sobre el descanso. Llegué a conocerla porque enseña regularmente en nuestra iglesia sobre la salud mental y la importancia del descanso en nuestras vidas. En un mensaje, habló sobre los siete tipos de descanso sobre los que escribe en su libro *Sacred Rest* (Descanso sagrado): mental, emocional, social, sensorial, creativo y físico. Mientras hablaba de estos diferentes tipos de descanso, algo hizo clic en mi mente: el tipo de cansancio que sentía no podía resolverse con una siesta.

No estaba cansada físicamente; *tenía cansada el alma.*

Anteriormente, en 1 Reyes 19, Dios se ocupó de la necesidad de Elías de descansar físicamente: Dios permitió que Elías durmiera y le proporcionó alimento. Pero ahora era el momento de lidiar con la necesidad de Elías de descanso espiritual.

Una forma en que nos cansamos espiritualmente, según la Dra. Dalton-Smith, es tratando de actuar para Dios en lugar de pasar tiempo en relación con Dios. Pasar tiempo en la presencia de Dios es necesario para todos los creyentes. La vida en nuestra realidad moderna es ruidosa, ocupada y acelerada. Debemos aprender a bajar el volumen de la vida para que podamos subir el volumen de la voz de Dios.

En su libro *Invitation to Solitude and Silence* (Invitación a la soledad y el silencio), Ruth Haley Barton dice: "Porque no descansamos, perdemos el rumbo. . . . Envenenados por la creencia hipnótica de que las cosas buenas solo llegan a través de una determinación incesante y un esfuerzo incansable, nunca podemos descansar verdaderamente. Y por falta de descanso, nuestras vidas corren peligro".

- ¿De qué maneras tratas de actuar para Dios?

- ¿Qué se interpone en el camino de escuchar la voz de Dios?

- ¿Cómo sería para ti crear con regularidad un espacio para escuchar la voz de Dios?

El estudio de hoy no pretende inducir culpa. Todos estamos ocupados. Todos tenemos responsabilidades. Pero si realmente queremos descansar y si realmente queremos escuchar a Dios, debemos aprender a hacer espacio.

Cuando era una madre joven, pasar tiempo con Dios a menudo me parecía imposible. Tenía a mis bebés uno detrás de otro y a ninguno de los dos les gustaba dormir. Estaba despierta a todas horas meciendo a un niño pequeño o alimentando a un bebé o cambiando un pañal. Un lugar donde mis hijos siempre dormían la siesta era en el auto, así que la mayoría de los días, después de la hora del almuerzo, los sentaba en sus asientos de seguridad y conducía por el vecindario hasta que se dormían profundamente. Luego me compraba un chai latte en el autoservicio de Starbucks y me estacionaba frente a mi casa.

Mientras estaba sentada y descansaba de las exigencias de la maternidad con mi bebida demasiado cara, sacaba mi teléfono y leía un devocional de mi aplicación bíblica. Ese era el alcance de mi estudio bíblico en ese momento: unos pocos minutos robados a la mitad del día mientras mis bebés dormían profundamente en el asiento trasero. No había comentarios, ni marcadores amarillos, ni grandes *momentos de revelación*, solo una madre cansada y desesperada por una palabra del Señor. ¿Y sabes qué? Dios me encontró allí.

No importa nuestra personalidad o las estaciones de nuestra vida, todos necesitamos tiempo en la presencia de Dios. Podemos dejar que la vida se interponga en el camino o podemos luchar por ese tiempo y protegerlo ferozmente. El silencio y la soledad son componentes importantes de pasar tiempo en la presencia de Dios. Este no es el único lugar donde encontramos a Dios. Toda la vida es adoración y podemos estar en comunión con Dios en cualquier momento, pero estoy convencida de que "estar quieto", como está estipulado a lo largo de las Escrituras, es necesario para nuestra salud espiritual. Una vez más, Ruth Haley Barton lo expresa de esta manera: "Estamos hambrientos de quietud, de escuchar el sonido del silencio absoluto que es la presencia de Dios mismo".

Leer el Salmo 46

- ¿Cuáles son todas las circunstancias que podrían llevar a la desesperación?

- En medio de estas circunstancias desesperadas, Dios es un refugio y una fortaleza. ¿De qué otra manera describe el salmista a Dios?

- Basándonos en los versículos 8 y 10, ¿qué acciones podemos tomar para experimentar la bondad y el poder de Dios?

ORAR

Para terminar tu tiempo de estudio hoy, elige uno de los versículos del Salmo 46 para enfocarte mientras te sientas en silencio durante unos minutos. Deja que las palabras te inunden. Escucha la voz de Dios. No te desanimes si no "escuchas" nada de inmediato. Estar quieta es una práctica y aprender a reconocer la voz de Dios lleva tiempo. Cuanto más practiquemos y más meditemos en la Palabra de Dios (la Biblia), más reconoceremos la voz de Dios en el suave susurro.

DÍA 4

LEER & REFLEXIONAR

Leer 1 Reyes 19:9-14

- Los versículos 9-10 son virtualmente idénticos a los versículos 13-14. ¿Por qué podríamos haber esperado que la respuesta de Elías en el 14 fuera diferente de su respuesta en el 10?

Me encanta la honestidad de Elías. Tiene la audacia de decirle a Dios exactamente lo que está pasando y exactamente cómo se siente. Me conmueve especialmente su honestidad en el versículo 14. Su lamento no ha cambiado ni una sola palabra, incluso después de que la palabra del Señor lo guía misericordiosamente a la boca de la cueva donde puede estar en la presencia de Dios, incluso después de que se conecta con él a través del suave susurro. Está cansado y no ve que nada haya cambiado. Todavía está atrapado en una cueva, escondiéndose de aquellos que quieren matarlo, y eso es lo que le dice a Dios.

No crecí pensando que podía ser tan honesta con Dios. Cuando lo piensas, es un poco tonto. ¿No sabe Dios ya lo que estoy pensando de todos modos? Pero no quería parecer ingrata; después de todo, otras personas lo estaban pasando mucho peor. Pero Dios nos invita a compartir con él, incluso cuando es el mismo lamento de siempre. Incluso cuando Dios ha sido misericordioso con nosotros y nuestra fe "debería" ser más fuerte. Dios quiere que compartamos.

Ahora que Elías ha compartido cómo sentía que estaba solo, Dios responde con una solución amorosa: la comunidad.

Leer 1 Reyes 19:15-21

- ¿Cómo le muestra Dios a Elías que no está solo?

- ¿Cómo responde Eliseo a Elías en los versículos 20 y 21? ¿Qué te dice eso acerca de Eliseo?

- Al final de este capítulo, si Dios le hubiera preguntado una vez más: "¿Qué haces aquí, Elías?", ¿cómo crees que habría respondido?

Lo que me gusta de esta parte de la historia es que Dios ayudó a Elías a ver que no estaba solo. Hubo por lo menos siete mil personas que permanecieron fieles a Dios. Cuando Elías estaba al borde de la desesperación y listo para darse por vencido debido al llamado solitario de servir a Yahweh, Dios le dijo que se levantara y ungiera a dos reyes para ayudar a librar a Israel de la adoración de ídolos y que ungiera a Eliseo como su sucesor.

Cada vez que entro en un episodio depresivo, tiendo a volverme hacia adentro. Creo que esto es común para la mayoría de las personas. Me concentro en mis problemas y empiezo a creer en la mentira de que estoy sola en el mundo. Me cuesta abrirme a alguien y creo que tengo que lidiar con ello por mi cuenta.

La verdad es que hemos sido creados para la comunidad porque estamos hechos a imagen y semejanza del único Dios verdadero, que es amor y que ha existido en una comunidad eterna de amor de auto entrega. Dios es un ser que existe externamente en tres personas co-iguales y co-eternas: Padre, Hijo y Espíritu. Puesto que estamos hechos a imagen de Dios, nosotros también hemos sido creados para vivir en una comunidad amorosa. Podemos pensar que la intimidad con Dios es todo lo que necesitamos, pero no fue suficiente para Elías, y no es suficiente para nosotros.

La fortaleza espiritual significa confiar en Dios, pero no significa hacerlo solo, solo tú y Dios. A veces, la fortaleza espiritual significa recibir la comunidad que Dios te envía en el desierto.

- ¿De qué manera has sido bendecida por la comunidad?

- ¿Qué ha dificultado a veces tu conexión con la comunidad?

Cuando me mudé con mi familia a Carolina del Sur, decidí que serviría en el ministerio de adolescentes de nuestra iglesia. Como treintañera, sabía que tenía algo que ofrecer a las mujeres más jóvenes de nuestra iglesia. Así que cada semana me he presentado para liderar este grupo, para enseñarles lo que sé sobre seguir a Jesús, para escuchar sus perspectivas y para aprender de ellos. Ha habido semanas en las que no necesariamente tenía ganas de presentarme, pero cumplí con mi compromiso y, a su vez, pude ganar perspectiva. Cuando comencé a sentirme deprimida por el estado de nuestro mundo, o incluso simplemente por el estado de mi propia vida, estar con estas chicas semana tras semana me ayudó a mirar fuera de mí misma para ver el panorama general.

Tal vez tu vocación no sea necesariamente liderar a un grupo de adolescentes, ¡y eso está bien! ¿Cómo puedes conectarte intencionalmente con la comunidad? Podría ser que este grupo con el que te estás reuniendo actualmente lo sea. Caminar juntos a través de este estudio no tiene que ser solo un ejercicio de estudio bíblico, esto puede ser un espacio en el que se comprometen a compartir sus vidas juntos, animarse mutuamente y recordarse mutuamente el panorama general.

Elías y Eliseo pasan a tener un ministerio fructífero. Si bien la Biblia no nos da muchos detalles, suponemos que Elías fue el mentor de Eliseo hasta que llegó el momento de que Eliseo saliera por su cuenta. Del mismo modo, Eliseo ayuda a Elías a salir de su desesperación (ya sea que se dé cuenta o no). Nosotros podemos hacer lo mismo por los demás y los demás pueden hacer lo mismo por nosotros.

- ¿Quién es alguien en tu vida que te guió? ¿Cómo te cambió esa relación?

- ¿A quién podría estar llamándote Dios para que seas su mentor?

- ¿De qué manera el ser mentor de otra persona podría aliviar la desesperación o reavivar tu fe?

ORAR

Al terminar tu estudio hoy, ora por un versículo bíblico alentador que puedas enviar en un mensaje de texto a un amigo. De esta manera te estarás conectando con la Palabra de Dios y conectándote con una persona de una manera sencilla pero significativa.

DÍA 5

DÍA DE REFLEXIÓN

Oración de respiración (Salmo 6)

Inhala, exhala. Esta no ha sido una semana fácil. Hablamos de temas difíciles, pero espero que un mensaje haya sonado a cierto: cuando experimentas el desierto de la desesperación, puedes desarrollar fortaleza espiritual al recibir los dones de Dios de descanso, alimento y comunidad. Elías recibió esos dones, y tú también puedes hacerlo.

Intentemos una oración de respiración para nuestro día de reflexión. Llamar la atención hacia nuestra respiración es útil para la regulación y la relajación. Apoya nuestro movimiento, nuestro estado mental y nuestra resistencia. La mayoría de las oraciones de respiración son de seis a ocho sílabas y caben fácilmente en una inhalación y exhalación. Puedes usar un versículo de la Biblia o inventar tu propio estribillo.

Aquí hay algunas instrucciones para prepararte para una oración de respiración, así como algunas indicaciones.

1. Siéntate cómodamente, cierra los ojos y recuerda que Dios te ama y que estás en la presencia de Dios.
2. Imagínate a Dios llamándote por tu nombre, como lo hizo con Elías en 1 Reyes 19:9, preguntándote: "¿Qué haces aquí, [Tu Nombre]?"
3. Responde a Dios honestamente con cualquier palabra o frase que salga de lo más profundo de ti.
4. Utiliza los siguientes pasajes de las Escrituras (adaptados del Salmo 6) mientras inhalas y exhalas.
5. Recuerda que la bondad de Dios te encontrará y su presencia será una dulce recompensa. Estoy orando de antemano para que escuches la voz de Dios y sientas sus brazos envolviéndote a tu alrededor. Estás en casa.

Inhala: Ten piedad de mí, Señor.

Exhala: Porque soy débil.

Inhala: Vuélvete, Señor, rescátame.

Exhala: Sálvame con tu amor fiel.

Inhala: El Señor ha escuchado mi súplica.

Exhala: El Señor acepta mi oración.

Repite tantas veces como quieras.

SEMANA 6

EL DESIERTO DE LA TENTACIÓN

Sesión grupal

El mismo Jesús experimentó el desierto en su vida. Lo hermoso de su experiencia es que nos muestra un camino a través del desierto. En Jesús vemos el papel importante de las Escrituras en nuestras vidas. La Biblia es una "luz para nuestro camino" a través del desierto y es accesible para todos nosotros.

VIDEO

Mira el video de esta semana.

ACTIVIDAD DE APERTURA

Una de las maneras en que Dios nos fortalece es con su Palabra. Tómate un momento para compartir algo sobre tu relación con la Biblia.

1. ¿Qué te enseñaron sobre la Biblia mientras crecías?

2. ¿Cómo te ha moldeado la Biblia hoy en día? (Si este estudio fue la primera vez que lees las Escrituras, ¿cómo fue?)

¡Estudiar la Biblia en grupo es una excelente manera de crecer en tu fe!

3. ¿De qué manera te ha sido útil leer la Biblia juntos en este grupo?

REFLEXIONAR

Leer Mateo 4:1-11.

4. ¿Quién lleva a Jesús al desierto? ¿Por qué?

5. ¿Qué tiene de significativo el ayuno de Jesús durante cuarenta días? (Pista: ¿En qué otro lugar de la Biblia hemos visto a personas en el desierto durante cuarenta días o noches? ¡Ya hemos estudiado dos de esos casos en este libro!)

6. ¿Cuáles son las tres maneras en que Jesús es tentado? Si tuvieras que darle a cada tentación un nombre de una sola palabra, ¿cuáles serían esas palabras?

7. ¿Cómo se manifiestan estas tres tentaciones en tu propia vida?

8. ¿Cómo responde Jesús a cada tentación? ¿Qué tienen en común las tres respuestas?

9. ¿Cómo respondes normalmente a la tentación?

10. ¿Te imaginas responder como lo hizo Jesús? ¿Qué sería diferente?

Hebreos 4:15 dice: "Porque no tenemos un sumo sacerdote incapaz de compadecerse de nuestras debilidades, sino uno que ha sido tentado en todo de la misma manera que nosotros, aunque sin pecado".

11. ¿De qué manera este pasaje y la experiencia de Jesús en el desierto te animan cuando te enfrentas a la tentación?

12. ¿Cómo puede ayudarte el ver los tiempos de desierto o tentación como oportunidades para formarte en la semejanza a Cristo?

ORAR

Padre, Hijo y Espíritu, Dios trino, venimos ante ti para expresar nuestra gratitud por proporcionar este espacio donde podemos luchar con lo que es el desierto y cómo nos forma a tu imagen. Te damos gracias porque las dificultades que soportamos no son en vano y porque nos han dado tu Espíritu y tu Palabra para guiarnos y mostrarnos un camino a través del desierto. En el nombre de Jesús, amén.

Si el tiempo lo permite, compartan unos con otros cualquier petición de oración y tráiganla a nuestro Dios fiel y confiable en oración.

DÍA 1

Antes de ir al desierto, Jesús hizo algo profundo que puede ayudarnos a pensar en nuestras propias experiencias en el desierto.

LEER & REFLEXIONAR

Leer Mateo 3:13-17

- ¿Cuál era la lógica de Juan para no bautizar a Jesús?

- ¿Cómo le convenció Jesús a Juan de que lo bautizara?

- La gente ha descrito los versículos 16 y 17 como una especie de coronación, la unción de un rey. ¿Qué elementos de esta escena comparten elementos con una coronación?

¿Alguna vez te has preguntado por qué Jesús se bautizó? Después de todo, el bautismo de Juan fue de arrepentimiento. Llamó a la gente a las aguas del Jordán para que pudieran ser purificados de sus pecados. Pero Jesús no tenía pecado. Entonces, ¿cuál era el propósito de su bautismo? Puede haber varias razones:

- Quería ser un ejemplo a seguir para los futuros creyentes.
- Quería identificarse con nosotros y con nuestra necesidad.
- Era un símbolo de su obra redentora.
- Esto fue profético de su muerte, sepultura y resurrección.

Cualquiera que sea la razón, Jesús dijo que era para "cumplir toda justicia". Me encanta que, aunque no tenía necesidad de ser limpiado del pecado, entrara en las aguas del bautismo para cumplir toda justicia. Cuando la paloma descendió sobre él y Dios lo declaró un hijo amado, Jesús fue sellado como "aprobado" para que todos lo vieran.

Leamos una vez más las palabras que Dios le dijo a Jesús: "Este es mi Hijo amado, en quien tengo complacencia".

Como se mencionó anteriormente, este bautismo tiene lugar antes de que Jesús entre en su ministerio público. Realmente no ha hecho nada todavía, entonces ¿por qué Dios está tan complacido con él?

Vengo de una familia de inmigrantes. Mis padres son algunas de las personas más comprensivas que jamás conocerás. Nunca me ha faltado su amor y aceptación. Pero hay cierta presión que viene de estar en una familia inmigrante. Mis padres lo arriesgaron todo para escapar de un país devastado por la guerra y venir a los Estados Unidos, un lugar donde no hablaban el idioma y no tenían trabajos garantizados. Llegaron con esperanzas de libertad y éxito no solo para ellos sino también para sus hijas.

Yo no quería desperdiciar la oportunidad por la que ellos habían arriesgado sus vidas. Y por eso quería rendir lo mejor que pudiera, pero no importa lo bueno que seas en lo que haces, los fracasos vendrán, el cansancio vendrá, el agotamiento vendrá. Tratar de rendir en todo momento es paralizante. Nos quedamos atrapados en nuestros ciclos de rendimiento. Caímos en la mentira de que, si nos desempeñamos bien, obtendremos la aprobación que tan desesperadamente queremos.

En la historia del bautismo de Jesús vemos que él no tuvo que actuar para obtener la aprobación de su Padre. Nosotros tampoco.

Puedes descansar de tus empeños. No tienes que trabajar para obtener la aprobación; ya estás aprobada. Sí, Dios puede usar el desierto para ayudarte a crecer espiritualmente fuerte, pero no tienes que esforzarte para salir de él. El amor y la aprobación de Dios son el fundamento de nuestra fortaleza espiritual, y ya son tuyos, antes de que entres en el desierto, durante el desierto, y cuando salgas del desierto.

- ¿Buscar aprobación es algo con lo que luchas? ¿Cómo ha afectado tu vida?

- ¿Qué cambiarías si creyeras que Dios te está diciendo: "Eres mi hija amada, en quien estoy complacido"?

ORAR

A medida que Dios te está formando en la semejanza de Cristo, sigue creyendo que él puede y que te llevará adelante y que su amor por y aprobación de ti son firmes. Al terminar tu tiempo de estudio hoy, escribe una oración de gratitud a Dios por el amor y la aprobación que ya son tuyos en Cristo. Podrías basarlo en el Salmo 139:13-15:

> Tú creaste mis entrañas;
>   me formaste en el vientre de mi madre.
> ¡Te alabo porque soy una creación admirable!
>   ¡Tus obras son maravillosas
>   y esto lo sé muy bien!
> Mis huesos no te fueron desconocidos
>   cuando en lo más recóndito era yo formado,
>   cuando en lo más profundo de la tierra era yo entretejido.

·········· DÍA 2 ··········

Jesús se enfrenta a la tentación en el desierto. Hay algo en esta experiencia de tentación que lo prepara aún más para el ministerio y su redención final de la humanidad. Esta es una experiencia necesaria para Jesús. Me atrevería a decir que el desierto es una experiencia necesaria para nosotros, ya que aprendemos a enfrentar la tentación como lo hizo Jesús, usando las Escrituras como arma. Esto es lo que Adán y Eva, y más tarde Moisés, no hicieron. Comparemos sus respuestas a la tentación.

LEER & REFLEXIONAR

Leer Lucas 4:1-13, Génesis 2:16-17, Génesis 3:1-6 y Números 20:2-12

Presta atención a lo que cada personaje hace con la palabra de Dios. A continuación, rellena el siguiente cuadro.

Palabra de Dios original	Cómo se usa la Palabra de Dios frente a la tentación
No solo de pan vive el hombre, sino de todo lo que sale de la boca del Señor. (Deuteronomy 8:3)	Jesús respondió: —Escrito está: "No solo de pan vive el hombre, sino de toda palabra que sale de la boca de Dios". (Matthew 4:4)
Teme al Señor tu Dios, sírvele solamente a él y jura solo en su nombre. (Deuteronomio 6:13)	—¡Vete, Satanás! —dijo Jesús—. Porque escrito está: "Adora al Señor tu Dios y sírvele solamente a él". (Mateo 4:10)
No pongas a prueba al Señor tu Dios, como lo hiciste en Masá. (Deuteronomio 6:16)	—También está escrito: "No pongas a prueba al Señor tu Dios" —contestó Jesús. (Mateo 4:7)
Y el Señor dijo a Moisés: 8 «Toma la vara y reúne a la asamblea. En presencia de esta, tú y tu hermano ordenarán a la roca que dé agua. Así harán que de ella brote agua, y darán de beber a la asamblea y a su ganado». (Números 20:7-8)	Dicho esto, levantó la mano y dos veces golpeó la roca con la vara, y brotó agua en abundancia, de la cual bebieron la asamblea y su ganado. (Números 20:11)
Dios el Señor le ordenó al hombre: «Puedes comer de todos los árboles del jardín, [17] pero del árbol del conocimiento del bien y del mal no deberás comer. El día que de él comas, sin duda morirás». (Génesis 2:16-17)	—Podemos comer del fruto de todos los árboles —respondió la mujer—. [3] Pero en cuanto al fruto del árbol que está en medio del jardín, Dios nos ha dicho: "No coman de ese árbol ni lo toquen; de lo contrario, morirán". (Génesis 3:2-3)

Adán, Eva, Moisés y Jesús están armados con la Palabra de Dios. Desafortunadamente, Adán, Eva y Moisés son espiritualmente débiles, tergiversando la palabra de Dios y tomando el asunto en sus propias manos. Eva añade al mandamiento de Dios, haciéndolo más estricto de lo que Dios pretendía, y Satanás usa esa distorsión para tentarla aún más a comer del fruto. Moisés aparentemente ignora el mandato de Dios, y en lugar de hablarle a la roca, la golpea.

Adán, Eva y Moisés son probados, y todos fallan. Como resultado, Adán y Eva son expulsados del jardín, y a Moisés no se le permite

¿Cómo son iguales? ¿Diferentes?

entrar en la Tierra Prometida después de cuarenta años de vagar por el desierto.

Tal vez recuerdas que Jesús estuvo en el desierto durante cuarenta días. Estos números no son una coincidencia. Son una pista para el lector de que las historias están vinculadas. En la teología a esto se le llama "recapitulación".

Todas estas historias se superponen. En su yuxtaposición vemos cómo Dios se está preparando para hacer algo hermoso. El viaje de Jesús al desierto no es en vano. Dios vuelve a contar la historia de Adán y Eva, que estaban destinados a cogobernar con Dios en el jardín, y la historia de Moisés, que estaba destinado a llevar a su pueblo a la Tierra Prometida, a través de Jesús.

Donde Adán, Eva y Moisés fracasan, Jesús triunfa. Ahora en Cristo, nos unimos a Jesús en nuestro propósito original de ser co-gobernantes con la intención de guiar a las personas al reino de Dios.

- Cuando miras las tres historias superpuestas, ¿qué te llama la atención?

- ¿Qué nuevos compromisos podrías hacer para estudiar y memorizar la Palabra de Dios a fin de ser espiritualmente fuerte cuando te enfrentes a la tentación?

En el desierto, Jesús revierte lo que ocurrió con Adán y Eva y con los israelitas, usando la Palabra de Dios como arma para luchar contra la tentación. Jesús vuelve a contar la historia de Adán y la historia de Israel yendo al desierto y saliendo victorioso en él. A través de Jesús, nosotros también podemos ser victoriosos en el desierto.

ORAR

Al terminar tu estudio de hoy, reflexiona sobre este estribillo que se encuentra en todos los Salmos:

> Den gracias al Señor porque él es bueno;
> su gran amor perdura para siempre.
> (Salmo 118:29)

DÍA 3

LEER & REFLEXIONAR

Leer Mateo 4:11-17

- ¿Por qué crees que los ángeles necesitan atender a Jesús en el versículo 13?

- Después de ser tentado en el desierto, ¿cómo comienza Jesús su ministerio?

- ¿Cuál es el mensaje principal de Jesús?

- ¿Qué crees que significa que el "reino de los cielos está cerca"?

Un aspecto notable del tiempo de Jesús en el desierto es que viene después de su bautismo, pero antes de que comienza su ministerio público. En estos cuarenta días de reclusión en el desierto, tiene la oportunidad de entrenarse, meditar y prepararse para su ministerio.

Cuando miro hacia atrás en mi propia vida, veo cómo esta ha sido mi experiencia. Cuando me gradué del seminario, quería empezar a trabajar en el ministerio. Limpié mi currículum y solicité un trabajo tras otro, solo para ser decepcionada una y otra vez. Entré en una temporada de desierto que duró varios años. De hecho, no me contrataron para trabajar en el personal de una iglesia hasta ocho años después de graduarme. (Y encontrar un trabajo estable de cualquier tipo antes de eso me fue muy difícil).

Desde que me contrataron para trabajar en el personal de mi iglesia local, el ministerio ha estado activo. Estoy agradecida por los ocho años que tuve para fortalecerme en el espíritu. Años en los que Dios me formó más a la imagen de Jesús, me quitó la arrogancia y me preparó para esta temporada actual de ministración, escritura y enseñanza.

- Si actualmente estás en el desierto, ¿para qué podría estar preparándote Dios?

- Si has salido del desierto, ¿cómo usó Dios ese tiempo para prepararte?

Ya sea que estés vagando por el desierto o sentado en el santuario ahora, tómate el tiempo para agradecer a Dios por las formas en que él te ha formado, te está formando y te formará.

En el versículo 11, los ángeles vienen a ministrar a Jesús una vez que Satanás se ha apartado de él.

- ¿De qué maneras te ha ministrado Dios en tiempos difíciles?

- ¿De qué maneras puedes ministrar a los que te rodean y que están pasando por temporadas difíciles?

Si bien este estudio tiene como objetivo ayudarnos a ver cómo la Biblia habla sobre el desierto para que podamos enmarcar nuestras propias experiencias en el desierto de manera adecuada, también quiero que veamos más allá de nosotros mismos. En la Iglesia de la Transformación decimos: "Hacia arriba. Hacia adentro. Hacia afuera". Esto es parte de nuestra visión y es una abreviatura de decir: "Ama a Dios completamente (hacia arriba), a nosotros mismos correctamente (hacia adentro) y a nuestro prójimo compasivamente (hacia afuera)".

Una idea que me ha ayudado en mis propias temporadas en el desierto es reconocer que no estoy sola. Todos nos encontramos con el desierto en nuestras vidas. Creo que si todos nos tomáramos el tiempo para mirar hacia afuera, Dios nos daría oportunidades para ministrarnos unos a otros y animarnos unos a otros a seguir adelante. De esto se trata el cuerpo de Cristo.

Termina tu tiempo hoy escribiendo sobre tu experiencia más reciente en el desierto desde una perspectiva "hacia arriba, hacia adentro, hacia afuera".

- ***Arriba:*** ¿De qué manera Dios se te manifestó a ti en esta temporada?

- ***Adentro:*** ¿Cómo te transformaste en esta temporada?

- ***Afuera:*** ¿Cómo animarías a alguien más como resultado de esta temporada?

> **ORAR**
>
> Termina tu día hoy agradeciéndole a Dios por los beneficios hacia arriba, adentro y afuera de tu experiencia en el desierto.

·········· DÍA 4 ··········

LEER & REFLEXIONAR

Leer Mateo 27:45-50 y Lucas 23:44-46

- Al ver ambos pasajes, ¿cuáles fueron las dos últimas cosas que Jesús dijo? ¿En qué orden las dijo?

- ¿Cómo te sientes al escuchar la penúltima declaración de Jesús? ¿La última?

Toda la vida de Jesús —en el desierto, cenando con amigos y predicando en público— estuvo enmarcada por las Escrituras. Le dio sentido a todo a través de la lente de las Escrituras. Y en sus últimos momentos en la tierra, mientras sufría un dolor inimaginable, mientras la gente se burlaba de él y lo animaba a salvarse a sí mismo, una vez más se volvió a la Palabra.

Como judío devoto, habría memorizado todo el libro de los Salmos, un libro de oraciones que había moldeado al pueblo judío durante siglos. Y en su momento de mayor angustia, fueron esas oraciones las que dieron voz tanto a su dolor como a su esperanza.

Cuando Jesús exclama: "Dios mío, Dios mío, ¿por qué me has abandonado?", está citando el Salmo 22. Todo el pueblo judío que lo escuchara habría sabido inmediatamente a qué se refería.

Leer el Salmo 22:1-5

- ¿De qué manera este pasaje da voz a la angustia? ¿Te has sentido así antes?

- ¿Cómo mantiene este pasaje la esperanza en medio de la angustia?

Cuando Jesús clama: "Padre, en tus manos encomiendo mi espíritu", está citando el Salmo 31:5. Una vez más, esta referencia habría sido reconocida por sus seguidores y otros testigos judíos.

Leer el Salmo 31:1-5

- ¿De qué manera este pasaje reconoce la realidad trágica de Jesús en la cruz?

- ¿De qué manera la última línea demuestra la completa confianza de Jesús en Dios?

A lo largo de las seis semanas de este estudio, hemos visto cómo Dios puede usar el desierto para ayudarnos a fortalecernos en el espíritu. Firmemente arraigado en la palabra de Dios, Jesús era la imagen perfecta de la fortaleza espiritual y su fe nunca vaciló.

- ¿De qué manera podría Dios estar invitándote a crecer de nuevas maneras para que tu fe te sostenga en medio de las pruebas y tentaciones de este mundo?

ORAR

Según termines el estudio de hoy, tómate unos minutos y pídele a Dios que te ayude a crecer en tu fe, para que madure y sea fuerte en las tormentas y dificultades de la vida.

DÍA 5

DÍA DE REFLEXIÓN

Dejando el desierto (Lucas 4:16-21)

Algo que noté a lo largo de esta semana es que Jesús nunca se lamentó de su tiempo en el desierto. Regresó del desierto y comenzó a enseñar. Sabía que el desierto no había sido una pérdida de tiempo.

Durante mucho tiempo no pude decir lo mismo. Había muchas ocasiones en las que recordaba una situación difícil o una palabra dura o una ofensa contra mí y lo apartaba inmediatamente de mi mente o lo maldecía de nuevo.

No sé el momento exacto en que sucedió, pero comencé a sentir una agitación hacia finales de 2017. Podía sentir a Dios haciendo algo nuevo. Una puerta a la que había estado llamando durante mucho tiempo se abrió de repente, pero en lugar de cruzar el umbral, me alejé y salí del desierto.

Desde que me gradué del seminario, mi sueño había sido trabajar a tiempo completo en una iglesia. Tengo un profundo amor por la iglesia local. Esperemos que tú también lo tengas. Eso no significa que tengas que trabajar en una iglesia, solo significa que demuestras un compromiso de ser un miembro activo del cuerpo. Para mí, sentía en mi corazón que Dios me estaba llamando al ministerio a tiempo completo dentro del contexto de la iglesia local, pero parecía haber un bloqueo. Aunque había solicitado y me habían pedido que solicitara varios puestos, nunca funcionó.

Entonces un día, el director de los grupos pequeños me llamó para una reunión. Quería ofrecerme un trabajo para trabajar a su lado. Lo escuché y reconocí que esto era justo lo que había estado anhelando. Sin embargo, mientras había estado en el desierto, Dios había cambiado mi corazón para guiarme a otro lugar. Terminé rechazando el trabajo. Pensaba que me iba a sentir fatal, pero en cambio me sentí eufórica. Salí de esa reunión sintiéndome esperanzada y expectante de que se revelara el plan de Dios.

En cuestión de meses, Dios nos llevó a una nueva ciudad, a un nuevo estado, a una nueva iglesia, una con la que mi familia y yo nos alineamos sin esfuerzo. Dios tenía un plan mejor, y podía sentir que estaba dejando el desierto y estaba entrando en una nueva temporada, para la que Dios me había estado preparando todo ese tiempo.

Porque recuerda, el desierto es donde Dios nos forma, ayudándonos a fortalecernos en espíritu.

Leer Lucas 4:14

Jesús regresó en el poder del Espíritu. Eso me suena a fuerza espiritual, la misma fuerza que mostró Juan el Bautista, la misma fuerza disponible para nosotros. A veces, cuando pasamos por circunstancias difíciles, aprendemos a clamar a Dios. Aprendemos a depender de Dios para todas nuestras necesidades. Experimentamos a Dios de maneras nuevas y profundas. Pero una vez que pasan esos desafíos, nos sentimos cómodos con nuestras propias suficiencias. Empezamos a olvidar: ¿no es eso lo que experimentaron los israelitas mientras daban vueltas alrededor del desierto?

Cuando salimos del desierto, es aún más importante seguir confiando en Dios y caminando en el poder del Espíritu Santo como lo demuestra Jesús. Para seguir desarrollando esa fuerza espiritual, esa confianza en el Espíritu Santo.

¿Estás listo?

Al mirar hacia atrás en las seis semanas de estudio, ¿cómo te has fortalecido espiritualmente? Como recordatorio, estos son algunos de los aspectos más destacados:

Semana 1. El desierto es una oportunidad para desarrollar la fortaleza de confiar en Dios y no en ti mismo.

Semana 2. El desierto de la opresión es una oportunidad para desarrollar la fuerza de confiar en el Buen Pastor.

Semana 3. El desierto del pecado es una oportunidad para desarrollar la fuerza del arrepentimiento.

Semana 4. El desierto de la distracción es una oportunidad para desarrollar la fuerza de mantener los ojos en la cruz.

Semana 5. El desierto de la desesperación es una oportunidad para desarrollar la fuerza para recibir alimento, descanso y comunidad.

Semana 6. El desierto de la tentación es una oportunidad para desarrollar la fuerza de estar armado con la Palabra.

Recuerda, tú perteneces a Jesús y él ha escrito tu historia para que sea una de triunfo. Continuemos siguiendo al Espíritu.

BENDICIÓN

Que el Dios de Juan el Bautista te prepare para tu encargo en esta tierra.

Que el Dios de Agar te vea con el mismo amor y cuidado con que la vio a ella.

Que el Dios de Adán y Eva te vista de amor y justicia.

Que el Dios de Israel te guíe de vuelta a él.

Que el Dios de Elías te nutra y te sostenga.

Y que el Señor Jesucristo sea tu esperanza siempre presente mientras proporciona un camino a través del desierto. Amén.

TAMBIÉN DISPONIBLE

Enseñen bien a sus hijos

Para subir hay que bajar

Iglesia mestiza

La misión cristiana en el mundo moderno

www.ingramcontent.com/pod-product-compliance
Lightning Source LLC
Chambersburg PA
CBHW061148070526
44584CB00034B/4461